TÄIELIK TURNOVERS KOKARAAMAT

100 helbelist ja maitsekat retsepti

Oleg Kuznetsov

Autoriõigus materjal ©2024

Kõik õigused kaitstud

Ühtegi selle raamatu osa ei tohi mingil kujul ega vahenditega kasutada ega edastada ilma kirjastaja ja autoriõiguse omaniku nõuetekohase kirjaliku nõusolekuta, välja arvatud ülevaates kasutatud lühikesed tsitaadid. Seda raamatut ei tohiks pidada meditsiiniliste, juriidiliste või muude professionaalsete nõuannete asendajaks.

SISUKORD

SISUKORD 3
SISSEJUHATUS 6
PUUVILJAKÄIVED 7
   1. Apple Turnovers 8
   2. Kirsikäive 10
   3. Apple Biscoffi käive 12
   4. Pirnide käibed 14
   5. Apple Peach Käive 17
   6. Apple-Cheddari käibed 19
   7. Sidruni mustika käibed 21
   8. Aprikooside käive 23
   9. Cran-Apple Tamale käibed 25
  10. Jõhvikakäive vahtraglasuuriga 27
  11. Ananassi käibed 29
  12. Segamarjakäive Sabayoniga 31
  13. Virsiku-mandli käibed 33
  14. Pirni ja ingveri käive 35
  15. Vaarika käibed 37
  16. Virsikute ja koore käibed 39
KOHVI KÄIBED 41
  17. Cappuccino käibed 42
  18. Kohvi-šokolaadi käibed 44
  19. Kohvi-mandli käibed 46
  20. Kohvi-karamelli käibed 48
  21. Espresso toorjuustu käibed 50
  22. Kohvi Kreeka pähkli käibed 52
  23. Mocha kreemi käibed 54
  24. Kohvi sarapuupähklite käibed 56
  25. Kohvi kirsi käibed 58
LINNULIHA KÄIRE 60
  26. Karrieeritud kana käigud 61
  27. Curried Türgi käibed 63
  28. Suitsutatud kana karri käibed 65
  29. Singi ja juustu kana käibed 67
  30. Salsa kana käibed 69
  31. Pühvli kana käibed 71
  32. Seene kana Käibed 73
  33. Spinati ja feta kana käibed 75
  34. Grillikana käibed 77
  35. Caprese kana käibed 79

36. Kreeka kana käibed 81
37. Pesto kana käigud 83
38. Cajuni kana käibed 85
39. Kana Firenze käibed 87
40. Kanapesto ja päikesekuivatatud tomatite käigud 89
41. Kana ja seente käigud küüslaugukoorekastmega 91

VEISE- JA LALLALIHA KÄIVE 93
42. Juustuburgeri käibed 94
43. Helbed veiseliha käibed 96
44. Jahvatatud veiseliha käibed 98
45. Itaalia lihakäive 100
46. Ruubeni käibed 102
47. Vorsti ja kartuli minikäive 104
48. Vorsti ja seente käibed 106
49. Suitsusingi ja kitsejuustu käibed 108
50. Mongoolia veiseliha käibed 110
51. Lambaliha ja Feta Käive 112
52. Veiseliha ja brokkoli käibed 114
53. Vürtsikas lambalihakäive 116

KALA JA MEREANDIDE KÄIBED 118
54. Vähikäive 119
55. Kammkarbi ja peekoni käibed 121
56. Scampi krevettide käive 123
57. Tuunikala käive 125
58. Galicia tursa käive 128
59. Krevettide käibed 131
60. John Dory Turnovers 134
61. Maisi ja homaari käive 137
62. Küüslauguürdi ja lõhe käibed 140
63. Minikrabide käibed 142
64. Tilapia käibed 145

SEALIHA KÄIRE 148
65. Tõmmatud sealiha käibed 149
66. Apple sealiha käibed 151
67. Vorsti ja õuna käibed 153
68. Hoisin sealiha käibed 155
69. Sealiha ja Kimchi käibed 157
70. Sealiha ja kapsa käibed 159
71. Sealiha ja oa võrse käibed 161
72. Sealiha ja ananassi käibed 163

JUUSTU KÄIBED 165
73. Spinati ja fetajuustu käibed 166
74. Kolm juustukäivet 168

75. Cheddari ja brokkoli käibed 170
76. Sinihallitusjuustu ja pirni käibed 172
77. Kitsejuustu ja röstitud punase pipra käigud 174
78. Brie ja jõhvika käibed 176
79. Cheddari ja Apple'i käive 178
80. Ricotta ja spinati käibed 180
81. Seente ja Šveitsi juustu käibed 182
82. Peekoni ja Gouda käibed 184
83. Päikesekuivatatud tomatite ja mozzarella ringlus 186
84. Artišoki ja parmesani käigud 188
85. Pitsa käibed 190

MAGUSTOODI KÄIVED 192
86. Õuna kaneeli käibed 193
87. Kirsimandlite käibed 195
88. Nutella banaani käibed 197
89. Virsiku kingsepa käibed 199
90. Segamarjakäive koos vanilliglasuuriga 201
91. Šokolaadi sarapuupähklite käibed 203
92. Riisipudingi käibed 205

KÖÖGIVILJA KÄIRE 207
93. Ürdikartuli käibed 208
94. Seente käibed 210
95. Kitsejuustu ja spinati käibed 212
96. Köögiviljakäive Gorgonzola kastmega 214
97. Kartuli ja murulauku käibed 216
98. Spinati käibed 218
99. Baklažaani käibed 220
100. Köögiviljakäive röstitud tomatikastmega 222

KOKKUVÕTE 224

SISSEJUHATUS

Tere tulemast raamatusse " TÄIELIK TURNOVERS KOKARAAMAT", mis on teie juhend helveste ja maitsvate käivete loomise kunsti valdamiseks. Kuldse võise kooriku ja maitsvate täidistega käigud on mitmekülgne küpsetis, mida nauditakse kõikjal maailmas hommikusöögiks, magustoiduks või mis tahes kellaajal. Selles kokaraamatus tutvustame teile 100 suussulavat retsepti, mis viivad teie käibed tavalisest erakordseks.

Käive on meeldiv maiuspala, mida saab täita mitmesuguste magusate või soolaste koostisosadega, muutes need suurepäraseks igaks sündmuseks. Ükskõik, kas eelistate klassikalisi puuviljatäidiseid, nagu õun või kirss, soolaseid valikuid, nagu juust ja spinat, või meeldivaid kombinatsioone, nagu šokolaad ja sarapuupähkel, on selles kokaraamatus igale maitsele ja ihale vastav retsept.

Kuid "TÄIELIK TURNOVERS KOKARAAMAT" on midagi enamat kui lihtsalt retseptide kogum – see tähistab kondiitritoodete valmistamise kunsti ja rõõmu sõprade ja perega maitsvate maiuste jagamisest. Iga retsept on välja töötatud nii, et see oleks ligipääsetav, hõlpsasti järgitav ja tagab muljetavaldava tulemuse isegi algajatele pagaritele.

Nii et olenemata sellest, kas soovite oma järgmisel hilisel hommikusöögil külalistele muljet avaldada, peret omatehtud magustoiduga kostitada või lihtsalt maitsvat suupistet nautida, olgu "TÄIELIK TURNOVERS KOKARAAMAT" teie käivete jaoks teie peamine ressurss. Alates esimesest helbelisest suutäiest kuni viimase täidise maitseni, toogu iga käik teile rõõmu ja rahulolu.

PUUVILJAKÄIVED

1. Apple Turnovers

KOOSTISOSAD:

- 2 õuna, kooritud, puhastatud südamikust ja peeneks viilutatud
- 1 spl suhkrut, lisaks puistamiseks
- näputäis kaneeli
- 1 muna, kergelt lahtiklopitud
- 2 lehttainast, sulatatud
- 1 tl tuhksuhkrut (valikuline)

JUHISED:
a) Sega väikeses kausis õun, suhkur ja kaneel. Sega nii, et õun oleks kaetud.
b) Lõika mõlemad lehttaignalehed neljandikku, nii et igal lehel oleks neli ruutu.
c) Tõsta igale ruudule lusikaga õunasegu ja pintselda ääred munaga.
d) Voldi iga ruut enda peale, et moodustada kolmnurk. Suru servad alla ja sulge kahvliga vajutades.
e) Pintselda iga kolmnurga ülaosa munaga ja puista üle suhkruga.
f) Asetage õhufritüüri korvi neli kolmnurka . Küpseta 180°C juures 11 minutit või kuni see on kuldpruun ja täiesti paisunud. Peate küpsetama kahes osas.

2.Kirsikäive

KOOSTISOSAD:

- 17¼ untsi külmutatud lehttaigna pakend sulatatud
- 21-untsi purk kirsipirukatäidist, nõrutatud
- 1 tass tuhksuhkrut
- 2 supilusikatäit vett

JUHISED:

a) Eralda lehttaignalehed ja lõika igaüks 4 ruuduks.
b) Jaga pirukatäidis võrdselt ruutude vahel.
c) Pintselda tainaservad veega ja murra diagonaalselt pooleks.
d) Tihenda ja suru servad kahvliga kokku. Tehke noaga pöörete tippudesse õhutustamiseks väike pilu.
e) Küpseta määrimata ahjuplaadil 400 kraadi juures 15–18 minutit, kuni see on paisunud ja kuldne. Lase veidi jahtuda.
f) Sega tuhksuhkur ja vesi; tibutama soojade käikude peale.

3.Apple Biscoffi käive

KOOSTISOSAD:
- 2 lehttainast, sulatatud
- 2 keskmist õuna, kooritud, puhastatud südamikust ja tükeldatud
- 2 supilusikatäit granuleeritud suhkrut
- 1 tl jahvatatud kaneeli
- ½ tassi Biscoffi määret
- 1 lahtiklopitud muna (munade pesemiseks)
- Tuhksuhkur, tolmutamiseks

JUHISED:
a) Kuumuta ahi temperatuurini 400 °F (200 °C) ja vooderda küpsetusplaat küpsetuspaberiga.
b) Segage kausis tükeldatud õunad, granuleeritud suhkur ja jahvatatud kaneel, kuni need on hästi segunenud.
c) Rulli lehttaignalehed kergelt jahusel pinnal lahti ja lõika ruutudeks või ristkülikuteks.
d) Määri lusikatäis Biscoffi määrimist iga kondiitriruudu või ristküliku ühele poolele, jättes servade ümber äärise.
e) Aseta lusikatäis õunasegu Biscoffi määrimise peale.
f) Voldi teine pool tainast täidise peale ja suru servad kokku.
g) Pöörete servad suruge kahvliga kokku.
h) Aseta pöörded ettevalmistatud ahjuplaadile ja pintselda pealt lahtiklopitud munapesuga.
i) Küpseta eelsoojendatud ahjus 15-20 minutit või kuni see on kuldpruun ja paisunud.
j) Tõsta ahjust välja ja lase restil jahtuda.
k) Enne serveerimist puista üle tuhksuhkruga. Serveeri soojalt või toatemperatuuril.

4.Pirnide käibed

KOOSTISOSAD:
TÄIDISEKS:
- 6–8 kivideta ja peeneks hakitud Medjooli datlit
- ¼ teelusikatäit söögisoodat
- 3 supilusikatäit soolata võid
- 5 või 6 küpset keskmist Bosc pirni, kooritud, puhastatud südamikust ja tükeldatud
- 2 tl vaniljeekstrakti
- 1 tl jahvatatud kaneeli
- 1 tl jahvatatud ingverit
- ¼ tl jahvatatud piment
- Näpi jahvatatud nelki
- ¼ teelusikatäit koššersoola

KÄIVETE KOHTA:
- Umbes 1 nael poest ostetud või isetehtud lehttaigen
- 1 suur muna, kergelt lahti klopitud
- 2 spl rasket koort

JUHISED:

TÄIDISEKS:

a) Sega väikeses kausis datlid ja söögisooda. Kata datlid piisavalt kuuma veega, et need leotada. Segage, et söögisooda lahustuks, ja laske datlitel 10–15 minutit leotada.
b) Nõruta datlid ja püreesta lusika või kahvliga kergelt ühtlaseks ja pehmeks.
c) Suurel pannil sulatage või keskmisel kuumusel. Lisa püreestatud datlid, hakitud pirnid, vanill, kaneel, ingver, piment, nelk ja sool.
d) Küpseta 5–6 minutit, kuni datlid ja pirnid hakkavad pehmenema ning vürtsid on hästi jaotunud. Kui segu tundub kuiv, lisage kuni ¼ tassi vett.
e) Jätkake küpsetamist veel 5–6 minutit, kuni datlid lahustuvad pirnidesse ja segu meenutab pehmet pirnikompotti. Eemaldage kuumusest ja laske jahtuda. Sul peaks olema umbes 3 ½ tassi kompotti.

KÄIVETE KOHTA :

f) Kuumuta ahi temperatuurini 350 °F (175 °C). Vooderda ahjuplaat küpsetuspaberiga.
g) Rulli lehttainas jahusel tööpinnal õhukeseks ristkülikuks. Kärbi servad, et luua korralik ristkülik.
h) Lõika tainas 8 võrdseks ruuduks. Asetage umbes ⅓ tassi pirnikompotti iga ruudu ühele poolele, jättes servade ümber äärise.
i) Pintselda taigna servad lahtiklopitud munaga, seejärel voldi tainas kolmnurgaks kompoti peale. Suru servad kahvliga tugevasti kinni.
j) Tõsta käigud ettevalmistatud küpsetusplaadile. Pintselda pealt muna-koore seguga.
k) Küpseta 50–60 minutit, kuni käigud on kuldpruunid ja läbi küpsenud.
l) Enne serveerimist lase vormidel küpsetusplaadil vähemalt 1 tund jahtuda. Nautige!

5. Apple Peach Käive

KOOSTISOSAD:
- 2 õuna, kooritud, südamikust puhastatud ja kuubikuteks lõigatud
- 2 virsikut, kooritud, kivideta ja kuubikuteks lõigatud
- 1/4 tassi suhkrut
- 1 tl jahvatatud kaneeli
- 1/4 tl jahvatatud muskaatpähklit
- 1 spl sidrunimahla
- 1 pakk lehttainast, sulatatud
- 1 muna, lahtiklopitud

JUHISED:
a) Kuumuta ahi temperatuurini 375 °F (190 °C).
b) Sega kausis kuubikuteks lõigatud õunad, virsikud, suhkur, kaneel, muskaatpähkel ja sidrunimahl.
c) Rulli lehttainas lahti ja lõika ruutudeks.
d) Aseta igale ruudule lusikatäis õuna-virsiku segu.
e) Voldi tainas täidise peale, et moodustada kolmnurgad ja sule servad kahvliga kinni.
f) Pintselda käigud lahtiklopitud munaga.
g) Aseta küpsetuspaberiga kaetud ahjuplaadile ja küpseta 20-25 minutit või kuni kuldpruunini.
h) Lase enne serveerimist veidi jahtuda.

6.Apple-Cheddari käibed

KOOSTISOSAD:
- 2 õuna, kooritud, südamikust puhastatud ja kuubikuteks lõigatud
- 1 tass hakitud Cheddari juustu
- 2 spl pruuni suhkrut
- 1/2 tl jahvatatud kaneeli
- 1 pakk lehttainast, sulatatud
- 1 muna, lahtiklopitud

JUHISED:
a) Kuumuta ahi temperatuurini 375 °F (190 °C).
b) Sega kausis kuubikuteks lõigatud õunad, cheddari juust, pruun suhkur ja kaneel.
c) Rulli lehttainas lahti ja lõika ruutudeks.
d) Aseta igale ruudule lusikatäis õuna-cheddari segu.
e) Voldi tainas täidise peale, et moodustada kolmnurgad ja sule servad kahvliga kinni.
f) Pintselda käigud lahtiklopitud munaga.
g) Aseta küpsetuspaberiga kaetud ahjuplaadile ja küpseta 20-25 minutit või kuni kuldpruunini.
h) Lase enne serveerimist veidi jahtuda.

7.Sidruni mustika käibed

KOOSTISOSAD:

- 2 lehttainast, sulatatud
- 1 tass värskeid mustikaid
- 1/4 tassi granuleeritud suhkrut
- 1 sidruni koor ja mahl
- 1 spl maisitärklist
- 1 muna, lahtiklopitud
- Tuhksuhkur, tolmutamiseks

JUHISED:

a) Kuumuta ahi temperatuurini 375 ° F (190 ° C). Vooderda ahjuplaat küpsetuspaberiga.
b) Viska kausis kokku värsked mustikad, granuleeritud suhkur, sidrunikoor, sidrunimahl ja maisitärklis, kuni need on hästi segunenud.
c) Rulli lehttaignalehed lahti ja lõika igaüks 4 ruuduks.
d) Aseta lusikatäis mustikasegu igale tainaruudu poolele.
e) Murra teine pool tainast täidise peale, et tekiks kolmnurga kuju. Suru servad kahvliga kokku, et tihendada.
f) Tõsta käigud ettevalmistatud ahjuplaadile.
g) Pintselda kääruste tipud lahtiklopitud munaga.
h) Küpseta eelkuumutatud ahjus 20-25 minutit või kuni pöörded on kuldpruunid ja paisunud.
i) Enne tuhksuhkruga üle puistamist laske käidel veidi jahtuda.
j) Serveeri soojalt ja naudi!

8.Aprikooside käive

KOOSTISOSAD:
- 1 tass aprikoosikonservi
- 1/4 tassi hakitud mandleid
- 1 pakk lehttainast, sulatatud
- 1 muna, lahtiklopitud

JUHISED:
a) Kuumuta ahi temperatuurini 375 °F (190 °C).
b) Rulli lehttainas lahti ja lõika ruutudeks.
c) Aseta igale ruudule lusikatäis aprikoosihoidiseid.
d) Puista hoidistele hakitud mandleid.
e) Voldi tainas täidise peale, et moodustada kolmnurgad ja sule servad kahvliga kinni.
f) Pintselda käigud lahtiklopitud munaga.
g) Aseta küpsetuspaberiga kaetud ahjuplaadile ja küpseta 20-25 minutit või kuni kuldpruunini.
h) Lase enne serveerimist veidi jahtuda.

9.Cran-Apple Tamale käibed

KOOSTISOSAD:
- 1 tass värskeid jõhvikaid
- 2 õuna, kooritud, südamikust puhastatud ja kuubikuteks lõigatud
- 1/4 tassi suhkrut
- 1/2 tl jahvatatud kaneeli
- 1 pakk lehttainast, sulatatud
- 1 muna, lahtiklopitud

JUHISED:
a) Kuumuta ahi temperatuurini 375 °F (190 °C).
b) Sega kastrulis jõhvikad, tükeldatud õunad, suhkur ja kaneel. Kuumuta keskmisel kuumusel, kuni jõhvikad lõhkevad ja segu pakseneb.
c) Rulli lehttainas lahti ja lõika ruutudeks.
d) Aseta igale ruudule lusikatäis kraana-õunasegu.
e) Voldi tainas täidise peale, et moodustada kolmnurgad ja sule servad kahvliga kinni.
f) Pintselda käigud lahtiklopitud munaga.
g) Aseta küpsetuspaberiga kaetud ahjuplaadile ja küpseta 20-25 minutit või kuni kuldpruunini.
h) Lase enne serveerimist veidi jahtuda.

10.Jõhvikakäive vahtraglasuuriga

KOOSTISOSAD:
- 1 tass jõhvikakastet
- 1 pakk lehttainast, sulatatud
- 1 muna, lahtiklopitud
- 1/2 tassi tuhksuhkrut
- 2 spl vahtrasiirupit

JUHISED:
a) Kuumuta ahi temperatuurini 375 °F (190 °C).
b) Rulli lehttainas lahti ja lõika ruutudeks.
c) Aseta igale ruudule lusikatäis jõhvikakastet.
d) Voldi tainas täidise peale, et moodustada kolmnurgad ja sule servad kahvliga kinni.
e) Pintselda käigud lahtiklopitud munaga.
f) Aseta küpsetuspaberiga kaetud ahjuplaadile ja küpseta 20-25 minutit või kuni kuldpruunini.
g) Sega väikeses kausis glasuuri valmistamiseks tuhksuhkur ja vahtrasiirup.
h) Enne serveerimist nirista glasuuriga käärud.

11.Ananassi käibed

KOOSTISOSAD:
- 1 tass purustatud ananassi, nõrutatud
- 1/4 tassi suhkrut
- 1 spl maisitärklist
- 1 pakk lehttainast, sulatatud
- 1 muna, lahtiklopitud

JUHISED:
a) Kuumuta ahi temperatuurini 375 °F (190 °C).
b) Sega kastrulis purustatud ananass, suhkur ja maisitärklis. Küpseta keskmisel kuumusel kuni paksenemiseni.
c) Rulli lehttainas lahti ja lõika ruutudeks.
d) Aseta igale ruudule lusikatäis ananassisegu.
e) Voldi tainas täidise peale, et moodustada kolmnurgad ja sule servad kahvliga kinni.
f) Pintselda käigud lahtiklopitud munaga.
g) Aseta küpsetuspaberiga kaetud ahjuplaadile ja küpseta 20-25 minutit või kuni kuldpruunini.
h) Lase enne serveerimist veidi jahtuda.

12.Segamarjakäive Sabayoniga

KOOSTISOSAD:
- 1 tass segatud marju (nagu maasikad, mustikad, vaarikad)
- 1/4 tassi suhkrut
- 1 spl maisitärklist
- 1 tl sidrunimahla
- 1 pakk lehttainast, sulatatud
- 1 muna, lahtiklopitud
- 1/2 tassi suhkrut
- 4 munakollast
- 1/2 tassi kuiva valget veini
- 1 tl vaniljeekstrakti
- 1/2 tl jahvatatud kaneeli

JUHISED:
a) Kuumuta ahi temperatuurini 375 °F (190 °C).
b) Sega potis omavahel segatud marjad, suhkur, maisitärklis ja sidrunimahl. Küpseta keskmisel kuumusel kuni paksenemiseni.
c) Rulli lehttainas lahti ja lõika ruutudeks.
d) Aseta igale ruudule lusikatäis segatud marjasegu.
e) Voldi tainas täidise peale, et moodustada kolmnurgad ja sule servad kahvliga kinni.
f) Pintselda käigud lahtiklopitud munaga.
g) Aseta küpsetuspaberiga kaetud ahjuplaadile ja küpseta 20-25 minutit või kuni kuldpruunini.
h) Sabayoni jaoks: Vahusta kuumakindlas kausis suhkur, munakollased, valge vein, vaniljeekstrakt ja jahvatatud kaneel.
i) Aseta kauss keeva veepoti peale (kahe katla) ja vispelda pidevalt, kuni segu pakseneb ja mahult kolmekordistub.
j) Serveeri käigud soojalt koos kaneeli-vanilje sabayoniga.

13.Virsiku-mandli käibed

KOOSTISOSAD:
- 2 virsikut, kooritud, kivideta ja kuubikuteks lõigatud
- 1/4 tassi suhkrut
- 1/4 tl mandli ekstrakti
- 1 pakk lehttainast, sulatatud
- 1 muna, lahtiklopitud
- 1/4 tassi viilutatud mandleid

JUHISED:
a) Kuumuta ahi temperatuurini 375 °F (190 °C).
b) Sega kausis kuubikuteks lõigatud virsikud, suhkur ja mandliekstrakt.
c) Rulli lehttainas lahti ja lõika ruutudeks.
d) Aseta igale ruudule lusikatäis virsiku segu.
e) Puista täidisele peale viilutatud mandleid.
f) Voldi tainas täidise peale, et moodustada kolmnurgad ja sule servad kahvliga kinni.
g) Pintselda käigud lahtiklopitud munaga.
h) Aseta küpsetuspaberiga kaetud ahjuplaadile ja küpseta 20-25 minutit või kuni kuldpruunini.
i) Lase enne serveerimist veidi jahtuda.

14.Pirni ja ingveri käive

KOOSTISOSAD:
- 2 pirni, kooritud, südamikust puhastatud ja kuubikuteks lõigatud
- 2 spl kristalliseerunud ingverit, peeneks hakitud
- 2 spl suhkrut
- 1/2 tl jahvatatud kaneeli
- 1 pakk lehttainast, sulatatud
- 1 muna, lahtiklopitud

JUHISED:
a) Kuumuta ahi temperatuurini 375 °F (190 °C).
b) Sega kausis kuubikuteks lõigatud pirnid, kristalliseerunud ingver, suhkur ja kaneel.
c) Rulli lehttainas lahti ja lõika ruutudeks.
d) Aseta igale ruudule lusikatäis pirni-ingveri segu.
e) Voldi tainas täidise peale, et moodustada kolmnurgad ja sule servad kahvliga kinni.
f) Pintselda käigud lahtiklopitud munaga.
g) Aseta küpsetuspaberiga kaetud ahjuplaadile ja küpseta 20-25 minutit või kuni kuldpruunini.
h) Lase enne serveerimist veidi jahtuda.

15.Vaarika käibed

KOOSTISOSAD:
- 1 tass värskeid vaarikaid
- 2 spl suhkrut
- 1 spl maisitärklist
- 1 pakk lehttainast, sulatatud
- 1 muna, lahtiklopitud

JUHISED:
a) Kuumuta ahi temperatuurini 375 °F (190 °C).
b) Sega kausis värsked vaarikad, suhkur ja maisitärklis.
c) Rulli lehttainas lahti ja lõika ruutudeks.
d) Aseta igale ruudule lusikatäis vaarikasegu.
e) Voldi tainas täidise peale, et moodustada kolmnurgad ja sule servad kahvliga kinni.
f) Pintselda käigud lahtiklopitud munaga.
g) Aseta küpsetuspaberiga kaetud ahjuplaadile ja küpseta 20-25 minutit või kuni kuldpruunini.
h) Lase enne serveerimist veidi jahtuda.

16.Virsikute ja koore käibed

KOOSTISOSAD:
- 2 virsikut, kooritud, kivideta ja kuubikuteks lõigatud
- 2 spl suhkrut
- 4 untsi toorjuustu, pehmendatud
- 1 pakk lehttainast, sulatatud
- 1 muna, lahtiklopitud

JUHISED:
a) Kuumuta ahi temperatuurini 375 °F (190 °C).
b) Sega kausis kuubikuteks lõigatud virsikud ja suhkur.
c) Rulli lehttainas lahti ja lõika ruutudeks.
d) Määri igale ruudule lusikatäis pehmendatud toorjuustu.
e) Aseta lusikatäis virsikusegu toorjuustu peale.
f) Voldi tainas täidise peale, et moodustada kolmnurgad ja sule servad kahvliga kinni.
g) Pintselda käigud lahtiklopitud munaga.
h) Aseta küpsetuspaberiga kaetud ahjuplaadile ja küpseta 20-25 minutit või kuni kuldpruunini.
i) Lase enne serveerimist veidi jahtuda.

KOHVI KÄIBED

17.Cappuccino käibed

KOOSTISOSAD:
- 1 pakk lehttaigna lehti (sulatatud)
- ¼ tassi lahustuva kohvi graanuleid
- ¼ tassi kuuma vett
- ¼ tassi granuleeritud suhkrut
- 1 tass rasket koort
- ½ tassi šokolaaditükke
- 1 muna (munade pesemiseks)
- tuhksuhkur (tolmutamiseks)

JUHISED:

a) Kuumuta ahi temperatuurini 375 °F (190 °C) ja vooderda küpsetusplaat küpsetuspaberiga.

b) Lahusta lahustuva kohvi graanulid kuumas vees ja lase jahtuda.

c) Vahusta eraldi kausis koor ja granuleeritud suhkur, kuni moodustuvad tugevad piigid.

d) Lisa kohvisegu vahukoorele ja sega ühtlaseks seguks.

e) Rulli lehttainas lahti ja lõika ruutudeks või ristkülikuteks.

f) Aseta iga tainaruudu ühele poolele lusikatäis kohvivahukoort ja puista šokolaaditükke.

g) Voldi tainas üle ja sulge kahvliga vajutades servad.

h) Pintselda käigud lahtiklopitud munaga ja küpseta umbes 15-20 minutit või kuni kuldpruunini.

i) Enne serveerimist puista üle tuhksuhkruga.

18.Kohvi-šokolaadi käibed

KOOSTISOSAD:
- 1/2 tassi kanget keedetud kohvi, jahutatud
- 1/2 tassi šokolaaditükke
- 1/4 tassi suhkrut
- 1 tl vaniljeekstrakti
- 1 pakk lehttainast, sulatatud
- 1 muna, lahtiklopitud

JUHISED:
a) Kuumuta ahi temperatuurini 375 °F (190 °C).
b) Sega kausis kokku jahutatud keedetud kohv, šokolaaditükid, suhkur ja vaniljeekstrakt.
c) Rulli lehttainas lahti ja lõika ruutudeks.
d) Aseta igale ruudule lusikatäis kohvi-šokolaadisegu.
e) Voldi tainas täidise peale, et moodustada kolmnurgad ja sule servad kahvliga kinni.
f) Pintselda käigud lahtiklopitud munaga.
g) Aseta küpsetuspaberiga kaetud ahjuplaadile ja küpseta 20-25 minutit või kuni kuldpruunini.
h) Lase enne serveerimist veidi jahtuda.

19.Kohvi-mandli käibed

KOOSTISOSAD:
- 1/2 tassi kanget keedetud kohvi, jahutatud
- 1/2 tassi mandlipastat
- 1/4 tassi suhkrut
- 1 tl mandli ekstrakti
- 1 pakk lehttainast, sulatatud
- 1 muna, lahtiklopitud

JUHISED:
a) Kuumuta ahi temperatuurini 375 °F (190 °C).
b) Sega kausis kokku jahutatud keedetud kohv, mandlipasta, suhkur ja mandliekstrakt.
c) Rulli lehttainas lahti ja lõika ruutudeks.
d) Aseta igale ruudule lusikatäis kohvi-mandli segu.
e) Voldi tainas täidise peale, et moodustada kolmnurgad ja sule servad kahvliga kinni.
f) Pintselda käigud lahtiklopitud munaga.
g) Aseta küpsetuspaberiga kaetud ahjuplaadile ja küpseta 20-25 minutit või kuni kuldpruunini.
h) Lase enne serveerimist veidi jahtuda.

20.Kohvi-karamelli käibed

KOOSTISOSAD:
- 1/2 tassi kanget keedetud kohvi, jahutatud
- 1/4 tassi karamellkastet
- 1/4 tassi suhkrut
- 1 tl vaniljeekstrakti
- 1 pakk lehttainast, sulatatud
- 1 muna, lahtiklopitud

JUHISED:
a) Kuumuta ahi temperatuurini 375 °F (190 °C).
b) Sega kausis kokku jahutatud keedetud kohv, karamellkaste, suhkur ja vaniljeekstrakt.
c) Rulli lehttainas lahti ja lõika ruutudeks.
d) Aseta igale ruudule lusikatäis kohvi-karamelli segu.
e) Voldi tainas täidise peale, et moodustada kolmnurgad ja sule servad kahvliga kinni.
f) Pintselda käigud lahtiklopitud munaga.
g) Aseta küpsetuspaberiga kaetud ahjuplaadile ja küpseta 20-25 minutit või kuni kuldpruunini.
h) Lase enne serveerimist veidi jahtuda.

21.Espresso toorjuustu käibed

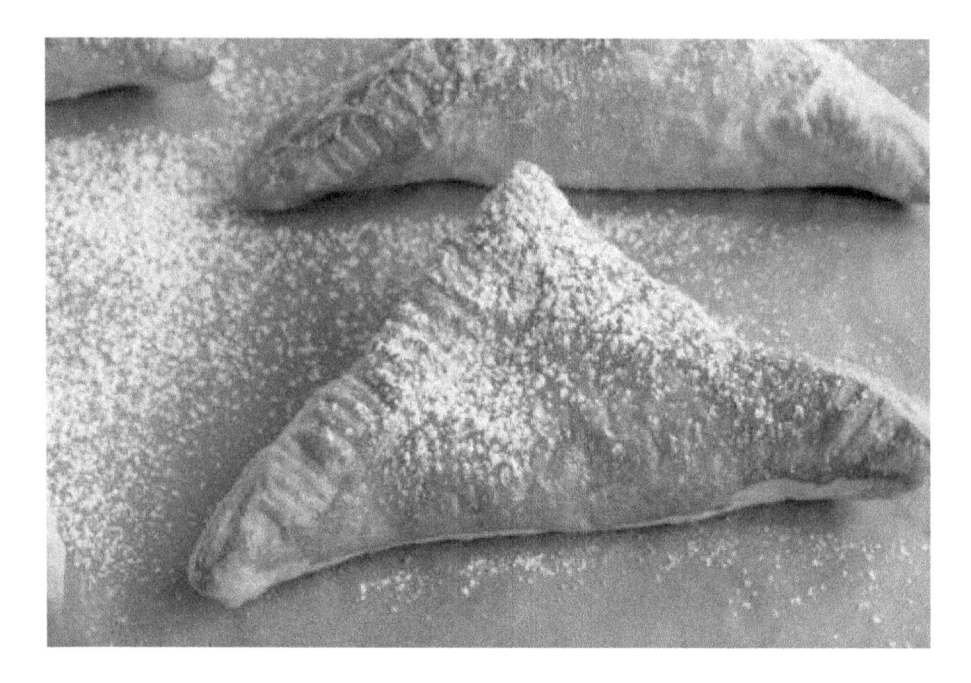

KOOSTISOSAD:
- 1/4 tassi espressot või kanget keedetud kohvi, jahutatud
- 4 untsi toorjuustu, pehmendatud
- 1/4 tassi tuhksuhkrut
- 1 tl vaniljeekstrakti
- 1 pakk lehttainast, sulatatud
- 1 muna, lahtiklopitud

JUHISED:
a) Kuumuta ahi temperatuurini 375 °F (190 °C).
b) Sega kausis jahtunud espresso või kohv, pehme toorjuust, tuhksuhkur ja vaniljeekstrakt ühtlaseks massiks.
c) Rulli lehttainas lahti ja lõika ruutudeks.
d) Määri igale ruudule lusikatäis espresso toorjuustu segu.
e) Voldi tainas täidise peale, et moodustada kolmnurgad ja sule servad kahvliga kinni.
f) Pintselda käigud lahtiklopitud munaga.
g) Aseta küpsetuspaberiga kaetud ahjuplaadile ja küpseta 20-25 minutit või kuni kuldpruunini.
h) Lase enne serveerimist veidi jahtuda.

22.Kohvi Kreeka pähkli käibed

KOOSTISOSAD:
- 1/2 tassi kanget keedetud kohvi, jahutatud
- 1/2 tassi hakitud kreeka pähkleid
- 1/4 tassi suhkrut
- 1 tl vaniljeekstrakti
- 1 pakk lehttainast, sulatatud
- 1 muna, lahtiklopitud

JUHISED:
a) Kuumuta ahi temperatuurini 375 °F (190 °C).
b) Sega kausis kokku jahutatud keedetud kohv, hakitud kreeka pähklid, suhkur ja vaniljeekstrakt.
c) Rulli lehttainas lahti ja lõika ruutudeks.
d) Aseta igale ruudule lusikatäis kohvi-kreeka pähkli segu.
e) Voldi tainas täidise peale, et moodustada kolmnurgad ja sule servad kahvliga kinni.
f) Pintselda käigud lahtiklopitud munaga.
g) Aseta küpsetuspaberiga kaetud ahjuplaadile ja küpseta 20-25 minutit või kuni kuldpruunini.
h) Lase enne serveerimist veidi jahtuda.

23. Mocha kreemi käibed

KOOSTISOSAD:
- 1/4 tassi kanget keedetud kohvi, jahutatud
- 4 untsi toorjuustu, pehmendatud
- 2 spl kakaopulbrit
- 1/4 tassi tuhksuhkrut
- 1 tl vaniljeekstrakti
- 1 pakk lehttainast, sulatatud
- 1 muna, lahtiklopitud

JUHISED:
a) Kuumuta ahi temperatuurini 375 °F (190 °C).
b) Sega kausis omavahel jahutatud keedetud kohv, pehme toorjuust, kakaopulber, tuhksuhkur ja vaniljeekstrakt ühtlaseks massiks.
c) Rulli lehttainas lahti ja lõika ruutudeks.
d) Määri igale ruudule lusikatäis mokakooresegu.
e) Voldi tainas täidise peale, et moodustada kolmnurgad ja sule servad kahvliga kinni.
f) Pintselda käigud lahtiklopitud munaga.
g) Aseta küpsetuspaberiga kaetud ahjuplaadile ja küpseta 20-25 minutit või kuni kuldpruunini.
h) Lase enne serveerimist veidi jahtuda.

24.Kohvi sarapuupähklite käibed

KOOSTISOSAD:
- 1/2 tassi kanget keedetud kohvi, jahutatud
- 1/2 tassi hakitud sarapuupähkleid
- 1/4 tassi suhkrut
- 1 tl vaniljeekstrakti
- 1 pakk lehttainast, sulatatud
- 1 muna, lahtiklopitud

JUHISED:
a) Kuumuta ahi temperatuurini 375 °F (190 °C).
b) Sega kausis kokku jahutatud keedetud kohv, hakitud sarapuupähklid, suhkur ja vaniljeekstrakt.
c) Rulli lehttainas lahti ja lõika ruutudeks.
d) Aseta igale ruudule lusikatäis kohvi-sarapuupähklisegu.
e) Voldi tainas täidise peale, et moodustada kolmnurgad ja sule servad kahvliga kinni.
f) Pintselda käigud lahtiklopitud munaga.
g) Aseta küpsetuspaberiga kaetud ahjuplaadile ja küpseta 20-25 minutit või kuni kuldpruunini.
h) Lase enne serveerimist veidi jahtuda.

25.Kohvi kirsi käibed

KOOSTISOSAD:
- 1/2 tassi kanget keedetud kohvi, jahutatud
- 1/2 tassi hakitud kuivatatud kirsse
- 1/4 tassi suhkrut
- 1 tl vaniljeekstrakti
- 1 pakk lehttainast, sulatatud
- 1 muna, lahtiklopitud

JUHISED:
a) Kuumuta ahi temperatuurini 375 °F (190 °C).
b) Sega kausis kokku jahutatud keedetud kohv, hakitud kuivatatud kirsid, suhkur ja vaniljeekstrakt.
c) Rulli lehttainas lahti ja lõika ruutudeks.
d) Aseta igale ruudule lusikatäis kohvi-kirsi segu.
e) Voldi tainas täidise peale, et moodustada kolmnurgad ja sule servad kahvliga kinni.
f) Pintselda käigud lahtiklopitud munaga.
g) Aseta küpsetuspaberiga kaetud ahjuplaadile ja küpseta 20-25 minutit või kuni kuldpruunini.
h) Lase enne serveerimist veidi jahtuda.

LINNULIHA KÄIRE

26.Karrieeritud kana käigud

KOOSTISOSAD:
- 1 tass peeneks hakitud keedetud kana
- 1 keskmine õun, kooritud ja peeneks hakitud
- 1/2 tassi majoneesi
- 1/4 tassi hakitud india pähkleid või maapähkleid
- 1 roheline sibul, peeneks hakitud
- 1 kuni 2 tl karripulbrit
- 1/4 teelusikatäit soola
- 1/4 tl pipart
- Kahekordse koorega piruka küpsetis
- 1 suur muna, kergelt lahti klopitud

JUHISED:
a) Kuumuta ahi 425 kraadini. Segage algsed 8 koostisosa väikeses kausis. Jagage tainas kaheksaks osaks.
b) Rulli iga osa kergelt jahusel pinnal 5-tolliseks ringiks. Pane ühele küljele umbes veerand tassi täidist. Niisutage saia servad veega. Voldi tainas täidise peale; kahvli abil kinnitage servad jõuga.
c) Pane määritud küpsetuspaberitele. Glasuur munaga. Lõika kummagi peale pooletollised pilud.
d) Küpseta kuni kuldpruunini, umbes 15 kuni 20 minutit.

27.Curried Türgi käibed

KOOSTISOSAD:
- 2 tassi keedetud kalkunit, tükeldatud
- 1 spl karripulbrit
- 1/4 tassi hakitud sibulat
- 1/4 tassi hakitud paprikat
- 1/4 tassi hakitud sellerit
- 1/4 tassi majoneesi
- 1 spl sidrunimahla
- Sool ja pipar maitse järgi
- 1 pakk lehttainast, sulatatud
- 1 muna, lahtiklopitud

JUHISED:
a) Kuumuta ahi temperatuurini 375 °F (190 °C).
b) Sega kausis tükeldatud kalkuniliha, karripulber, hakitud sibul, paprika, seller, majonees, sidrunimahl, sool ja pipar.
c) Rulli lehttainas lahti ja lõika ruutudeks.
d) Aseta igale ruudule lusikatäis kalkunikarri segu.
e) Voldi tainas täidise peale, et moodustada kolmnurgad ja sule servad kahvliga kinni.
f) Pintselda käigud lahtiklopitud munaga.
g) Aseta küpsetuspaberiga kaetud ahjuplaadile ja küpseta 20-25 minutit või kuni kuldpruunini.
h) Lase enne serveerimist veidi jahtuda.

28.Suitsutatud kana karri käibed

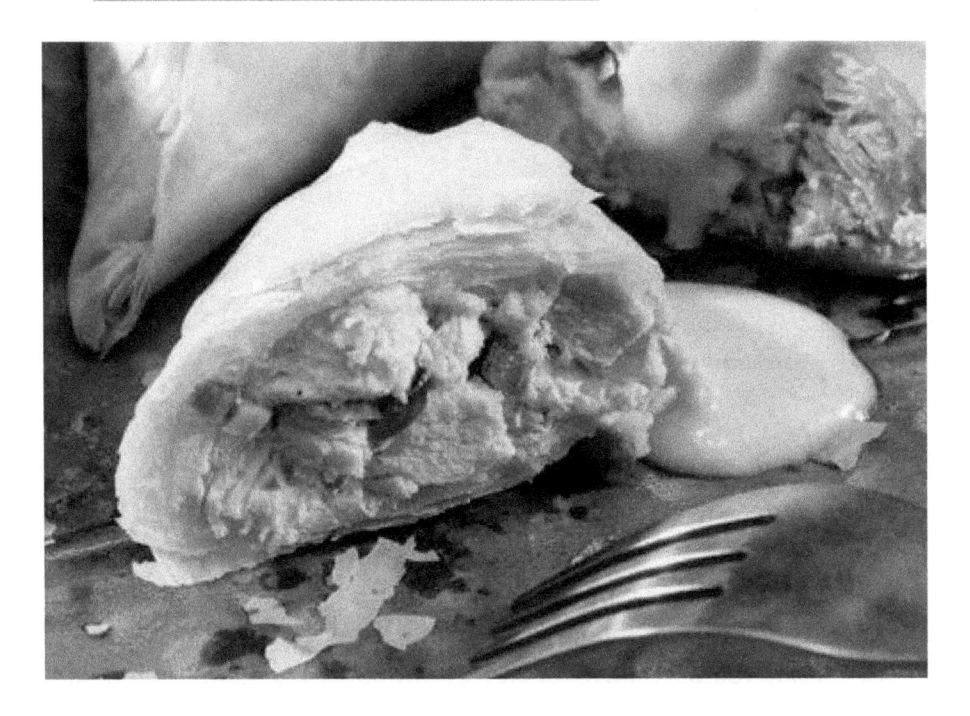

KOOSTISOSAD:
- 2 tassi suitsukana, tükeldatud
- 1 spl karripulbrit
- 1/4 tassi hakitud sibulat
- 1/4 tassi hakitud paprikat
- 1/4 tassi hakitud sellerit
- 1/4 tassi majoneesi
- 1 spl sidrunimahla
- Sool ja pipar maitse järgi
- 1 pakk lehttainast, sulatatud
- 1 muna, lahtiklopitud

JUHISED:
a) Kuumuta ahi temperatuurini 375 °F (190 °C).
b) Sega kausis kuubikuteks lõigatud suitsukana, karripulber, hakitud sibul, paprika, seller, majonees, sidrunimahl, sool ja pipar.
c) Rulli lehttainas lahti ja lõika ruutudeks.
d) Aseta igale ruudule lusikatäis suitsukana karri segu.
e) Voldi tainas täidise peale, et moodustada kolmnurgad ja sule servad kahvliga kinni.
f) Pintselda käigud lahtiklopitud munaga.
g) Aseta küpsetuspaberiga kaetud ahjuplaadile ja küpseta 20-25 minutit või kuni kuldpruunini.
h) Lase enne serveerimist veidi jahtuda.

29.Singi ja juustu kana käibed

KOOSTISOSAD:
- 2 tassi keedetud kana, tükeldatud
- 1/2 tassi kuubikuteks lõigatud sinki
- 1/2 tassi hakitud Cheddari juustu
- 1/4 tassi majoneesi
- 1 spl Dijoni sinepit
- 1 tl kuivatatud tüümiani
- Sool ja pipar maitse järgi
- 1 pakk lehttainast, sulatatud
- 1 muna, lahtiklopitud

JUHISED:
a) Kuumuta ahi temperatuurini 375 °F (190 °C).
b) Sega kausis tükeldatud kanaliha, kuubikuteks lõigatud sink, riivitud Cheddari juust, majonees, Dijoni sinep, kuivatatud tüümian, sool ja pipar.
c) Rulli lehttainas lahti ja lõika ruutudeks.
d) Aseta igale ruudule lusikatäis singi ja juustu kana segu.
e) Voldi tainas täidise peale, et moodustada kolmnurgad ja sule servad kahvliga kinni.
f) Pintselda käigud lahtiklopitud munaga.
g) Aseta küpsetuspaberiga kaetud ahjuplaadile ja küpseta 20-25 minutit või kuni kuldpruunini.
h) Lase enne serveerimist veidi jahtuda.

30.Salsa kana käibed

KOOSTISOSAD:
- 2 tassi keedetud kana, tükeldatud
- 1/2 tassi salsat
- 1/4 tassi hapukoort
- 1/4 tassi hakitud Cheddari juustu
- 1 pakk lehttainast, sulatatud
- 1 muna, lahtiklopitud

JUHISED:
a) Kuumuta ahi temperatuurini 375 °F (190 °C).
b) Sega kausis kokku tükeldatud kana, salsa, hapukoor ja riivitud cheddari juust.
c) Rulli lehttainas lahti ja lõika ruutudeks.
d) Asetage igale ruudule lusikatäis salsa-kana segu.
e) Voldi tainas täidise peale, et moodustada kolmnurgad ja sule servad kahvliga kinni.
f) Pintselda käigud lahtiklopitud munaga.
g) Aseta küpsetuspaberiga kaetud ahjuplaadile ja küpseta 20-25 minutit või kuni kuldpruunini.
h) Lase enne serveerimist veidi jahtuda.

31.Pühvli kana käibed

KOOSTISOSAD:
- 2 tassi keedetud kana, tükeldatud
- 1/4 tassi pühvlikastet
- 2 spl rantšo kastet
- 1/4 tassi murendatud sinihallitusjuustu
- 1 pakk lehttainast, sulatatud
- 1 muna, lahtiklopitud

JUHISED:
a) Kuumuta ahi temperatuurini 375 °F (190 °C).
b) Sega kausis kokku tükeldatud kana, pühvlikaste, rantšo kaste ja murendatud sinihallitusjuust.
c) Rulli lehttainas lahti ja lõika ruutudeks.
d) Aseta igale ruudule lusikatäis pühvlikana segu.
e) Voldi tainas täidise peale, et moodustada kolmnurgad ja sule servad kahvliga kinni.
f) Pintselda käigud lahtiklopitud munaga.
g) Aseta küpsetuspaberiga kaetud ahjuplaadile ja küpseta 20-25 minutit või kuni kuldpruunini.
h) Lase enne serveerimist veidi jahtuda.

32.Seene kana Käibed

KOOSTISOSAD:

- 2 tassi keedetud kana, tükeldatud
- 1 tass viilutatud seeni
- 1/4 tassi hakitud sibulat
- 1/4 tassi toorjuustu
- Sool ja pipar maitse järgi
- 1 pakk lehttainast, sulatatud
- 1 muna, lahtiklopitud

JUHISED:

a) Kuumuta ahi temperatuurini 375 °F (190 °C).
b) Prae pannil viilutatud seened ja hakitud sibul pehmeks.
c) Sega kausis kokku tükeldatud kanaliha, praetud seened ja sibul, toorjuust, sool ja pipar.
d) Rulli lehttainas lahti ja lõika ruutudeks.
e) Aseta igale ruudule lusikatäis seenekanasegu.
f) Voldi tainas täidise peale, et moodustada kolmnurgad ja sule servad kahvliga kinni.
g) Pintselda käigud lahtiklopitud munaga.
h) Aseta küpsetuspaberiga kaetud ahjuplaadile ja küpseta 20-25 minutit või kuni kuldpruunini.
i) Lase enne serveerimist veidi jahtuda.

33.Spinati ja feta kana käibed

KOOSTISOSAD:
- 2 tassi keedetud kana, tükeldatud
- 1 tass hakitud spinatit, keedetud ja nõrutatud
- 1/4 tassi murendatud fetajuustu
- 1/4 tassi kuubikuteks lõigatud päikesekuivatatud tomateid
- Sool ja pipar maitse järgi
- 1 pakk lehttainast, sulatatud
- 1 muna, lahtiklopitud

JUHISED:
a) Kuumuta ahi temperatuurini 375 °F (190 °C).
b) Sega kausis kokku tükeldatud kanaliha, tükeldatud spinat, murendatud fetajuust, kuubikuteks lõigatud päikesekuivatatud tomatid, sool ja pipar.
c) Rulli lehttainas lahti ja lõika ruutudeks.
d) Aseta igale ruudule lusikatäis spinati ja feta kana segu.
e) Voldi tainas täidise peale, et moodustada kolmnurgad ja sule servad kahvliga kinni.
f) Pintselda käigud lahtiklopitud munaga.
g) Aseta küpsetuspaberiga kaetud ahjuplaadile ja küpseta 20-25 minutit või kuni kuldpruunini.
h) Lase enne serveerimist veidi jahtuda.

34.Grillikana käibed

KOOSTISOSAD:
- 2 tassi keedetud kana, tükeldatud
- 1/2 tassi grillkastet
- 1/4 tassi kuubikuteks lõigatud punast sibulat
- 1/4 tassi hakitud mozzarella juustu
- Sool ja pipar maitse järgi
- 1 pakk lehttainast, sulatatud
- 1 muna, lahtiklopitud

JUHISED:
a) Kuumuta ahi temperatuurini 375 °F (190 °C).
b) Sega kausis kokku tükeldatud kanaliha, grillkaste, kuubikuteks lõigatud punane sibul, riivitud mozzarella juust, sool ja pipar.
c) Rulli lehttainas lahti ja lõika ruutudeks.
d) Aseta igale ruudule lusikatäis grillkana segu.
e) Voldi tainas täidise peale, et moodustada kolmnurgad ja sule servad kahvliga kinni.
f) Pintselda käigud lahtiklopitud munaga.
g) Aseta küpsetuspaberiga kaetud ahjuplaadile ja küpseta 20-25 minutit või kuni kuldpruunini.
h) Lase enne serveerimist veidi jahtuda.

35.Caprese kana käibed

KOOSTISOSAD:
- 2 tassi keedetud kana, tükeldatud
- 1 tass kuubikuteks lõigatud tomateid
- 1/4 tassi hakitud värsket basiilikut
- 1/4 tassi hakitud mozzarella juustu
- Sool ja pipar maitse järgi
- 1 pakk lehttainast, sulatatud
- 1 muna, lahtiklopitud

JUHISED:
a) Kuumuta ahi temperatuurini 375 °F (190 °C).
b) Sega kausis kokku tükeldatud kanaliha, tükeldatud tomatid, hakitud värske basiilik, riivitud mozzarella juust, sool ja pipar.
c) Rulli lehttainas lahti ja lõika ruutudeks.
d) Aseta igale ruudule lusikatäis Caprese kanasegu.
e) Voldi tainas täidise peale, et moodustada kolmnurgad ja sule servad kahvliga kinni.
f) Pintselda käigud lahtiklopitud munaga.
g) Aseta küpsetuspaberiga kaetud ahjuplaadile ja küpseta 20-25 minutit või kuni kuldpruunini.
h) Lase enne serveerimist veidi jahtuda.

36.Kreeka kana käibed

KOOSTISOSAD:
- 2 tassi keedetud kana, tükeldatud
- 1/2 tassi kuubikuteks lõigatud kurki
- 1/4 tassi kuubikuteks lõigatud punast sibulat
- 1/4 tassi murendatud fetajuustu
- 1 spl hakitud värsket tilli
- Sool ja pipar maitse järgi
- 1 pakk lehttainast, sulatatud
- 1 muna, lahtiklopitud

JUHISED:
a) Kuumuta ahi temperatuurini 375 °F (190 °C).
b) Sega kausis kokku tükeldatud kanaliha, kuubikuteks lõigatud kurk, kuubikuteks lõigatud punane sibul, murendatud fetajuust, hakitud värske till, sool ja pipar.
c) Rulli lehttainas lahti ja lõika ruutudeks.
d) Aseta igale ruudule lusikatäis Kreeka kanasegu.
e) Voldi tainas täidise peale, et moodustada kolmnurgad ja sule servad kahvliga kinni.
f) Pintselda käigud lahtiklopitud munaga.
g) Aseta küpsetuspaberiga kaetud ahjuplaadile ja küpseta 20-25 minutit või kuni kuldpruunini.
h) Lase enne serveerimist veidi jahtuda.

37.Pesto kana käigud

KOOSTISOSAD:

- 2 tassi keedetud kana, tükeldatud
- 1/4 tassi pesto kastet
- 1/4 tassi kuubikuteks lõigatud päikesekuivatatud tomateid
- 1/4 tassi hakitud parmesani juustu
- Sool ja pipar maitse järgi
- 1 pakk lehttainast, sulatatud
- 1 muna, lahtiklopitud

JUHISED:

a) Kuumuta ahi temperatuurini 375 °F (190 °C).
b) Sega kausis kokku tükeldatud kanaliha, pestokaste, kuubikuteks lõigatud päikesekuivatatud tomatid, riivitud parmesani juust, sool ja pipar.
c) Rulli lehttainas lahti ja lõika ruutudeks.
d) Aseta igale ruudule lusikatäis pesto kanasegu.
e) Voldi tainas täidise peale, et moodustada kolmnurgad ja sule servad kahvliga kinni.
f) Pintselda käigud lahtiklopitud munaga.
g) Aseta küpsetuspaberiga kaetud ahjuplaadile ja küpseta 20-25 minutit või kuni kuldpruunini.
h) Lase enne serveerimist veidi jahtuda.

38.Cajuni kana käibed

KOOSTISOSAD:
- 2 tassi keedetud kana, tükeldatud
- 1/4 tassi tükeldatud paprikat
- 1/4 tassi tükeldatud sibulat
- 1/4 tassi kuubikuteks lõigatud sellerit
- 1 spl Cajuni maitseainet
- 1/4 tassi majoneesi
- Sool ja pipar maitse järgi
- 1 pakk lehttainast, sulatatud
- 1 muna, lahtiklopitud

JUHISED:
a) Kuumuta ahi temperatuurini 375 °F (190 °C).
b) Sega kausis kokku tükeldatud kanaliha, tükeldatud paprika, kuubikuteks lõigatud sibul, kuubikuteks lõigatud seller, Cajuni maitseaine, majonees, sool ja pipar.
c) Rulli lehttainas lahti ja lõika ruutudeks.
d) Asetage igale ruudule lusikatäis Cajuni kana segu.
e) Voldi tainas täidise peale, et moodustada kolmnurgad ja sule servad kahvliga kinni.
f) Pintselda käigud lahtiklopitud munaga.
g) Aseta küpsetuspaberiga kaetud ahjuplaadile ja küpseta 20-25 minutit või kuni kuldpruunini.
h) Lase enne serveerimist veidi jahtuda.

39.Kana Firenze käibed

KOOSTISOSAD:

- 2 tassi keedetud kana, tükeldatud
- 1 tass hakitud spinatit, keedetud ja nõrutatud
- 1/4 tassi ricotta juustu
- 1/4 tassi hakitud mozzarella juustu
- 1/4 tassi riivitud parmesani juustu
- Sool ja pipar maitse järgi
- 1 pakk lehttainast, sulatatud
- 1 muna, lahtiklopitud

JUHISED:

a) Kuumuta ahi temperatuurini 375 °F (190 °C).
b) Sega kausis kokku tükeldatud kanaliha, tükeldatud spinat, ricotta juust, riivitud mozzarella juust, riivitud parmesani juust, sool ja pipar.
c) Rulli lehttainas lahti ja lõika ruutudeks.
d) Asetage igale ruudule lusikatäis Firenze kana segu.
e) Voldi tainas täidise peale, et moodustada kolmnurgad ja sule servad kahvliga kinni.
f) Pintselda käigud lahtiklopitud munaga.
g) Aseta küpsetuspaberiga kaetud ahjuplaadile ja küpseta 20-25 minutit või kuni kuldpruunini.
h) Lase enne serveerimist veidi jahtuda.

40.Kanapesto ja päikesekuivatatud tomatite käigud

KOOSTISOSAD:

- 2 tassi keedetud kana, tükeldatud
- 1/4 tassi pesto kastet
- 1/4 tassi tükeldatud päikesekuivatatud tomateid
- 1/4 tassi hakitud mozzarella juustu
- Sool ja pipar maitse järgi
- 1 pakk lehttainast, sulatatud
- 1 muna, lahtiklopitud

JUHISED:

a) Kuumuta ahi temperatuurini 375 °F (190 °C).
b) Sega kausis kokku tükeldatud kanaliha, pestokaste, tükeldatud päikesekuivatatud tomatid, riivitud mozzarella juust, sool ja pipar.
c) Rulli lehttainas lahti ja lõika ruutudeks.
d) Aseta igale ruudule lusikatäis kanapesto segu.
e) Voldi tainas täidise peale, et moodustada kolmnurgad ja sule servad kahvliga kinni.
f) Pintselda käigud lahtiklopitud munaga.
g) Aseta küpsetuspaberiga kaetud ahjuplaadile ja küpseta 20-25 minutit või kuni kuldpruunini.
h) Lase enne serveerimist veidi jahtuda.

41.Kana ja seente käigud küüslaugukoorekastmega

KOOSTISOSAD:
- 2 tassi keedetud kana, tükeldatud
- 1 tass viilutatud seeni
- 2 küüslauguküünt, hakitud
- 1/4 tassi rasket koort
- Sool ja pipar maitse järgi
- 1 pakk lehttainast, sulatatud
- 1 muna, lahtiklopitud

JUHISED:
a) Kuumuta ahi temperatuurini 375 °F (190 °C).
b) Prae pannil viilutatud seeni ja hakitud küüslauku, kuni seened on kuldpruunid ja pehmed.
c) Lisa pannile tükeldatud kana ja prae läbikuumenemiseni. Sega juurde raske koor ja küpseta, kuni see on veidi paksenenud. Maitsesta soola ja pipraga maitse järgi.
d) Rulli lehttainas lahti ja lõika ruutudeks.
e) Aseta igale ruudule lusikatäis kana-seene segu.
f) Voldi tainas täidise peale, et moodustada kolmnurgad ja sule servad kahvliga kinni.
g) Pintselda käigud lahtiklopitud munaga.
h) Aseta küpsetuspaberiga kaetud ahjuplaadile ja küpseta 20-25 minutit või kuni kuldpruunini.
i) Lase enne serveerimist veidi jahtuda.

VEISE- JA LALLALIHA KÄIVE

42.Juustuburgeri käibed

KOOSTISOSAD:
- 1 nael jahvatatud veiseliha
- 1/2 tassi tükeldatud sibulat
- 1/2 tassi kuubikuteks lõigatud tomateid
- 1/2 tassi hakitud Cheddari juustu
- 2 spl ketšupit
- 1 spl sinepit
- Sool ja pipar maitse järgi
- 1 pakk lehttainast, sulatatud
- 1 muna, lahtiklopitud

JUHISED:
a) Kuumuta ahi temperatuurini 375 °F (190 °C).
b) Küpseta pannil veisehakkliha ja tükeldatud sibulat, kuni veiseliha on pruunistunud ja sibul pehmenenud. Kurna üleliigne rasv.
c) Segage kuubikuteks lõigatud tomatid, riivitud Cheddari juust, ketšup, sinep, sool ja pipar.
d) Rulli lehttainas lahti ja lõika ruutudeks.
e) Aseta igale ruudule lusikatäis juustuburgeri segu.
f) Voldi tainas täidise peale, et moodustada kolmnurgad ja sule servad kahvliga kinni.
g) Pintselda käigud lahtiklopitud munaga.
h) Aseta küpsetuspaberiga kaetud ahjuplaadile ja küpseta 20-25 minutit või kuni kuldpruunini.
i) Lase enne serveerimist veidi jahtuda.

43.Helbed veiseliha käibed

KOOSTISOSAD:
- 1 nael veise välisfilee, õhukeselt viilutatud
- 1/2 tassi tükeldatud sibulat
- 1/2 tassi kuubikuteks lõigatud paprikat
- 1/2 tassi kuubikuteks lõigatud seeni
- 2 küüslauguküünt, hakitud
- Sool ja pipar maitse järgi
- 1 pakk lehttainast, sulatatud
- 1 muna, lahtiklopitud

JUHISED:
a) Kuumuta ahi temperatuurini 375 °F (190 °C).
b) Prae pannil veise välisfilee, tükeldatud sibul, kuubikuteks lõigatud paprika, kuubikuteks lõigatud seened ja hakitud küüslauk, kuni veiseliha on läbi küpsenud ja köögiviljad pehmenenud. Maitsesta soola ja pipraga.
c) Rulli lehttainas lahti ja lõika ruutudeks.
d) Aseta igale ruudule lusikatäis veiselihasegu.
e) Voldi tainas täidise peale, et moodustada kolmnurgad ja sule servad kahvliga kinni.
f) Pintselda käigud lahtiklopitud munaga.
g) Aseta küpsetuspaberiga kaetud ahjuplaadile ja küpseta 20-25 minutit või kuni kuldpruunini.
h) Lase enne serveerimist veidi jahtuda.

44.Jahvatatud veiseliha käibed

KOOSTISOSAD:
- 1 nael jahvatatud veiseliha
- 1/2 tassi tükeldatud sibulat
- 1/2 tassi tükeldatud porgandit
- 1/2 tassi tükeldatud kartulit
- 1/2 tassi külmutatud herneid
- 1 spl Worcestershire'i kastet
- Sool ja pipar maitse järgi
- 1 pakk lehttainast, sulatatud
- 1 muna, lahtiklopitud

JUHISED:
a) Kuumuta ahi temperatuurini 375 °F (190 °C).
b) Küpseta pannil veisehakkliha ja tükeldatud sibulat, kuni veiseliha on pruunistunud ja sibul pehmenenud. Kurna üleliigne rasv.
c) Segage kuubikuteks lõigatud porgand, tükeldatud kartul, külmutatud herned, Worcestershire'i kaste, sool ja pipar. Küpseta, kuni köögiviljad on pehmed.
d) Rulli lehttainas lahti ja lõika ruutudeks.
e) Aseta igale ruudule lusikatäis veisehakkihasegu.
f) Voldi tainas täidise peale, et moodustada kolmnurgad ja sule servad kahvliga kinni.
g) Pintselda käigud lahtiklopitud munaga.
h) Aseta küpsetuspaberiga kaetud ahjuplaadile ja küpseta 20-25 minutit või kuni kuldpruunini.
i) Lase enne serveerimist veidi jahtuda.

45.Itaalia lihakäive

KOOSTISOSAD:
- 1/2 naela jahvatatud veiseliha
- 1/2 naela Itaalia vorst
- 1/2 tassi marinara kastet
- 1/4 tassi riivitud parmesani juustu
- 1/4 tassi hakitud värsket basiilikut
- Sool ja pipar maitse järgi
- 1 pakk lehttainast, sulatatud
- 1 muna, lahtiklopitud

JUHISED:
a) Kuumuta ahi temperatuurini 375 °F (190 °C).
b) Küpseta pannil veisehakkliha ja itaalia vorst, kuni need on pruunistunud ja läbiküpsenud. Kurna üleliigne rasv.
c) Sega juurde marinara kaste, riivitud parmesani juust, hakitud värske basiilik, sool ja pipar.
d) Rulli lehttainas lahti ja lõika ruutudeks.
e) Asetage igale ruudule lusikatäis Itaalia liha segu.
f) Voldi tainas täidise peale, et moodustada kolmnurgad ja sule servad kahvliga kinni.
g) Pintselda käigud lahtiklopitud munaga.
h) Aseta küpsetuspaberiga kaetud ahjuplaadile ja küpseta 20-25 minutit või kuni kuldpruunini.
i) Lase enne serveerimist veidi jahtuda.

46.Ruubeni käibed

KOOSTISOSAD:
- 1/2 naela soolaliha, õhukeselt viilutatud
- 1 kl hapukapsas, nõrutatud
- 1/2 tassi hakitud Šveitsi juustu
- 1/4 tassi Thousand Island kastet
- 1 pakk lehttainast, sulatatud
- 1 muna, lahtiklopitud

JUHISED:
a) Kuumuta ahi temperatuurini 375 °F (190 °C).
b) Rulli lehttainas lahti ja lõika ruutudeks.
c) Asetage igale ruudule viil soolatud veiseliha, seejärel lusikatäis hapukapsast, hakitud Šveitsi juust ja Thousand Islandi kaste.
d) Voldi tainas täidise peale, et moodustada kolmnurgad ja sule servad kahvliga kinni.
e) Pintselda käigud lahtiklopitud munaga.
f) Aseta küpsetuspaberiga kaetud ahjuplaadile ja küpseta 20-25 minutit või kuni kuldpruunini.
g) Lase enne serveerimist veidi jahtuda.

47. Vorsti ja kartuli minikäive

KOOSTISOSAD:
- 1/2 naela jahvatatud vorsti
- 1 tass kuubikuteks lõigatud kartulit, keedetud
- 1/4 tassi tükeldatud sibulat
- 1/4 tassi hakitud Cheddari juustu
- Sool ja pipar maitse järgi
- 1 pakk lehttainast, sulatatud
- 1 muna, lahtiklopitud

JUHISED:
a) Kuumuta ahi temperatuurini 375 °F (190 °C).
b) Küpseta pannil jahvatatud vorsti ja tükeldatud sibulat, kuni vorst on pruunistunud ja sibul pehmenenud. Kurna üleliigne rasv.
c) Segage kuubikuteks lõigatud kartulid, riivitud Cheddari juust, sool ja pipar.
d) Rulli lehttainas lahti ja lõika ruutudeks.
e) Aseta igale ruudule lusikatäis vorsti- ja kartulisegu.
f) Voldi tainas täidise peale, et moodustada kolmnurgad ja sule servad kahvliga kinni.
g) Pintselda käigud lahtiklopitud munaga.
h) Aseta küpsetuspaberiga kaetud ahjuplaadile ja küpseta 20-25 minutit või kuni kuldpruunini.
i) Lase enne serveerimist veidi jahtuda.

48.Vorsti ja seente käibed

KOOSTISOSAD:
- 1/2 naela jahvatatud vorsti
- 1 tass viilutatud seeni
- 1/4 tassi tükeldatud sibulat
- 1/4 tassi hakitud mozzarella juustu
- Sool ja pipar maitse järgi
- 1 pakk lehttainast, sulatatud
- 1 muna, lahtiklopitud

JUHISED:
a) Kuumuta ahi temperatuurini 375 °F (190 °C).
b) Küpseta pannil jahvatatud vorsti, viilutatud seeni ja kuubikuteks lõigatud sibulat, kuni vorst on pruunistunud ja seened pehmed. Kurna üleliigne rasv.
c) Sega hulka hakitud mozzarella juust, sool ja pipar.
d) Rulli lehttainas lahti ja lõika ruutudeks.
e) Aseta igale ruudule lusikatäis vorsti-seene segu.
f) Voldi tainas täidise peale, et moodustada kolmnurgad ja sule servad kahvliga kinni.
g) Pintselda käigud lahtiklopitud munaga.
h) Aseta küpsetuspaberiga kaetud ahjuplaadile ja küpseta 20-25 minutit või kuni kuldpruunini.
i) Lase enne serveerimist veidi jahtuda.

49.Suitsusingi ja kitsejuustu käibed

KOOSTISOSAD:
- 1/2 naela suitsusinki, õhukeselt viilutatud
- 1/2 tassi murendatud kitsejuustu
- 1/4 tassi hakitud värsket peterselli
- Sool ja pipar maitse järgi
- 1 pakk lehttainast, sulatatud
- 1 muna, lahtiklopitud

JUHISED:
a) Kuumuta ahi temperatuurini 375 °F (190 °C).
b) Rulli lehttainas lahti ja lõika ruutudeks.
c) Aseta igale ruudule viil suitsusinki, seejärel lusikatäis murendatud kitsejuustu, hakitud värsket peterselli, soola ja pipart.
d) Voldi tainas täidise peale, et moodustada kolmnurgad ja sule servad kahvliga kinni.
e) Pintselda käigud lahtiklopitud munaga.
f) Aseta küpsetuspaberiga kaetud ahjuplaadile ja küpseta 20-25 minutit või kuni kuldpruunini.
g) Lase enne serveerimist veidi jahtuda.

50.Mongoolia veiseliha käibed

KOOSTISOSAD:
- 1 naela küljesteik, õhukeselt viilutatud
- 1/4 tassi sojakastet
- 2 spl hoisin kastet
- 2 spl pruuni suhkrut
- 2 küüslauguküünt, hakitud
- 1 spl riivitud ingverit
- 2 rohelist sibulat, hakitud
- Sool ja pipar maitse järgi
- 1 pakk lehttainast, sulatatud
- 1 muna, lahtiklopitud

JUHISED:
a) Kuumuta ahi temperatuurini 375 °F (190 °C).
b) Sega kausis kokku sojakaste, hoisin-kaste, pruun suhkur, hakitud küüslauk, riivitud ingver, hakitud roheline sibul, sool ja pipar.
c) Lisa kaussi õhukesteks viiludeks lõigatud küljepihv ja marineeri 30 minutit.
d) Küpseta marineeritud veiseliha pannil pruuniks.
e) Rulli lehttainas lahti ja lõika ruutudeks.
f) Asetage igale ruudule lusikatäis keedetud Mongoolia veiseliha.
g) Voldi tainas täidise peale, et moodustada kolmnurgad ja sule servad kahvliga kinni.
h) Pintselda käigud lahtiklopitud munaga.
i) Aseta küpsetuspaberiga kaetud ahjuplaadile ja küpseta 20-25 minutit või kuni kuldpruunini.
j) Lase enne serveerimist veidi jahtuda.

51.Lambaliha ja Feta Käive

KOOSTISOSAD:
- 1 nael jahvatatud lambaliha
- 1/2 tassi tükeldatud sibulat
- 1/2 tassi kuubikuteks lõigatud tomateid
- 1/4 tassi murendatud fetajuustu
- 2 spl hakitud värsket piparmünti
- Sool ja pipar maitse järgi
- 1 pakk lehttainast, sulatatud
- 1 muna, lahtiklopitud

JUHISED:
a) Kuumuta ahi temperatuurini 375 °F (190 °C).
b) Küpseta pannil jahvatatud lambaliha ja tükeldatud sibulat, kuni lambaliha on pruunistunud ja sibul pehmenenud. Kurna üleliigne rasv.
c) Sega hulka tükeldatud tomatid, murendatud fetajuust, hakitud värske piparmünt, sool ja pipar.
d) Rulli lehttainas lahti ja lõika ruutudeks.
e) Aseta igale ruudule lusikatäis lambaliha ja feta segu.
f) Voldi tainas täidise peale, et moodustada kolmnurgad ja sule servad kahvliga kinni.
g) Pintselda käigud lahtiklopitud munaga.
h) Aseta küpsetuspaberiga kaetud ahjuplaadile ja küpseta 20-25 minutit või kuni kuldpruunini.
i) Lase enne serveerimist veidi jahtuda.

52.Veiseliha ja brokkoli käibed

KOOSTISOSAD:
- 1 nael veise välisfilee, õhukeselt viilutatud
- 2 tassi brokoli õisikuid, blanšeeritud
- 1/4 tassi sojakastet
- 2 küüslauguküünt, hakitud
- 1 spl riivitud ingverit
- 2 rohelist sibulat, hakitud
- Sool ja pipar maitse järgi
- 1 pakk lehttainast, sulatatud
- 1 muna, lahtiklopitud

JUHISED:
a) Kuumuta ahi temperatuurini 375 °F (190 °C).
b) Sega kausis kokku sojakaste, hakitud küüslauk, riivitud ingver, hakitud roheline sibul, sool ja pipar.
c) Lisa kaussi õhukesteks viiludeks lõigatud veise välisfilee ja marineeri 30 minutit.
d) Küpseta marineeritud veiseliha pannil pruuniks.
e) Rulli lehttainas lahti ja lõika ruutudeks.
f) Aseta igale ruudule paar blanšeeritud brokoliõisikut ja lusikatäis keedetud veiseliha.
g) Voldi tainas täidise peale, et moodustada kolmnurgad ja sule servad kahvliga kinni.
h) Pintselda käigud lahtiklopitud munaga.
i) Aseta küpsetuspaberiga kaetud ahjuplaadile ja küpseta 20-25 minutit või kuni kuldpruunini.
j) Lase enne serveerimist veidi jahtuda.

53.Vürtsikas lambalihakäive

KOOSTISOSAD:
- 1 nael jahvatatud lambaliha
- 1/2 tassi tükeldatud sibulat
- 1/4 tassi tükeldatud paprikat
- 2 spl tomatipastat
- 1 spl harissa pasta
- 1 tl jahvatatud köömneid
- 1 tl jahvatatud koriandrit
- Sool ja pipar maitse järgi
- 1 pakk lehttainast, sulatatud
- 1 muna, lahtiklopitud

JUHISED:
a) Kuumuta ahi temperatuurini 375 °F (190 °C).
b) Küpseta pannil jahvatatud lambaliha, tükeldatud sibulat ja kuubikuteks lõigatud paprikat, kuni lambaliha on pruunistunud ja köögiviljad pehmenenud. Kurna üleliigne rasv.
c) Segage tomatipasta, harissa pasta, jahvatatud köömned, jahvatatud koriander, sool ja pipar.
d) Rulli lehttainas lahti ja lõika ruutudeks.
e) Aseta igale ruudule lusikatäis vürtsikat lambalihasegu.
f) Voldi tainas täidise peale, et moodustada kolmnurgad ja sule servad kahvliga kinni.
g) Pintselda käigud lahtiklopitud munaga.
h) Aseta küpsetuspaberiga kaetud ahjuplaadile ja küpseta 20-25 minutit või kuni kuldpruunini.
i) Lase enne serveerimist veidi jahtuda.

KALA JA MEREANDIDE KÄIBED

54.Vähikäive

KOOSTISOSAD:
- 1 nael keedetud vähisabad, kooritud
- 1/2 tassi kuubikuteks lõigatud paprikat
- 1/2 tassi tükeldatud sibulat
- 2 küüslauguküünt, hakitud
- 1/4 tassi hakitud peterselli
- 1/4 tassi rasket koort
- Sool ja pipar maitse järgi
- 1 pakk lehttainast, sulatatud
- 1 muna, lahtiklopitud

JUHISED:
a) Kuumuta ahi temperatuurini 375 °F (190 °C).
b) Prae pannil kuubikuteks lõigatud paprika, tükeldatud sibul ja hakitud küüslauk pehmeks.
c) Lisage keedetud vähisabad pannile ja küpseta veel 2-3 minutit.
d) Sega juurde hakitud petersell, koor, sool ja pipar. Küpseta veel 2 minutit, kuni segu veidi pakseneb.
e) Rulli lehttainas lahti ja lõika ruutudeks.
f) Aseta igale ruudule lusikatäis vähisegu.
g) Voldi tainas täidise peale, et moodustada kolmnurgad ja sule servad kahvliga kinni.
h) Pintselda käigud lahtiklopitud munaga.
i) Aseta küpsetuspaberiga kaetud ahjuplaadile ja küpseta 20-25 minutit või kuni kuldpruunini.
j) Lase enne serveerimist veidi jahtuda.

55.Kammkarbi ja peekoni käibed

KOOSTISOSAD:
- 1 nael merekarbid, hakitud
- 6 viilu peekonit, keedetud ja murendatud
- 1/4 tassi tükeldatud sibulat
- 1/4 tassi tükeldatud paprikat
- 1/4 tassi hakitud Gruyere juustu
- Sool ja pipar maitse järgi
- 1 pakk lehttainast, sulatatud
- 1 muna, lahtiklopitud

JUHISED:
a) Kuumuta ahi temperatuurini 375 °F (190 °C).
b) Prae pannil tükeldatud merikammkarpe, purustatud keedetud peekonit, kuubikuteks lõigatud sibulat ja kuubikuteks lõigatud paprikat, kuni kammkarbid on küpsed ja köögiviljad pehmenenud. Maitsesta soola ja pipraga.
c) Sega hulka hakitud Gruyere juust kuni sulamiseni.
d) Rulli lehttainas lahti ja lõika ruutudeks.
e) Aseta igale ruudule lusikatäis kammkarbi ja peekoni segu.
f) Voldi tainas täidise peale, et moodustada kolmnurgad ja sule servad kahvliga kinni.
g) Pintselda käigud lahtiklopitud munaga.
h) Aseta küpsetuspaberiga kaetud ahjuplaadile ja küpseta 20-25 minutit või kuni kuldpruunini.
i) Lase enne serveerimist veidi jahtuda.

56.Scampi krevettide käive

KOOSTISOSAD:
- 1 nael keedetud krevette, kooritud ja tükeldatud
- 1/4 tassi tükeldatud sibulat
- 2 küüslauguküünt, hakitud
- 2 spl võid
- 1/4 tassi valget veini
- 2 spl sidrunimahla
- 1 spl hakitud peterselli
- Sool ja pipar maitse järgi
- 1 pakk lehttainast, sulatatud
- 1 muna, lahtiklopitud

JUHISED:
a) Kuumuta ahi temperatuurini 375 °F (190 °C).
b) Sulata pannil või ja prae kuubikuteks lõigatud sibul ja hakitud küüslauk pehmeks.
c) Lisage keedetud krevetid pannile ja küpseta 2-3 minutit.
d) Sega juurde valge vein, sidrunimahl, hakitud petersell, sool ja pipar. Küpseta, kuni kaste on veidi vähenenud.
e) Rulli lehttainas lahti ja lõika ruutudeks.
f) Aseta igale ruudule lusikatäis scampi krevetisegu.
g) Voldi tainas täidise peale, et moodustada kolmnurgad ja sule servad kahvliga kinni.
h) Pintselda käigud lahtiklopitud munaga.
i) Aseta küpsetuspaberiga kaetud ahjuplaadile ja küpseta 20-25 minutit või kuni kuldpruunini.
j) Lase enne serveerimist veidi jahtuda.

57. Tuunikala käive

KOOSTISOSAD:
TAIGNA JAOKS:
- 300 grammi jahu
- 1 tl soola (5 g)
- 1 pakk kuivatatud pärmi (10 g)
- 25 grammi pekk või ghee, sulatatud
- 2 muna, kergelt lahtiklopitud
- 80 milliliitrit Piim, soojendatud

TÄIDISEKS:
- 2 supilusikatäit oliiviõli
- 300 milliliitrit Tomatipüree või 300 g tomateid, neljandikku
- 2 punast paprikat, seemnetest puhastatud ja ribadeks lõigatud
- 1 küüslauguküüs, purustatud
- 1 purk tuunikala õlis, nõrutatud ja helvestatud (400 g)
- Sool ja värskelt jahvatatud must pipar maitse järgi

JUHISED:
TAIGNA ETTEVALMISTAMINE:
a) Sõelu jahu ja sool kaussi, seejärel sega hulka kuivatatud pärm.

b) Tee kuivainete keskele süvend ja lisa sulatatud seapekk või ghee ja lahtiklopitud munad. Sega korralikult läbi.

c) Lisage järk-järgult soojendatud piim, et segu muutuks pehmeks tainaks.

d) Sõtku tainast kergelt jahusel pinnal kaks kuni kolm minutit, kuni see on ühtlane.

e) Tõsta tainas kaussi tagasi, kata kaanega ja jäta üheks tunniks kerkima.

TÄIDISE ETTEVALMISTAMINE:
f) Kuumuta pannil oliiviõli ja prae neljaks lõigatud tomateid, punase pipra ribasid ja purustatud küüslauku umbes 10 minutit.

g) Sega juurde nõrutatud ja helvestega tuunikala ning maitsesta soola ja värskelt jahvatatud musta pipraga. Jätke tuunikalatäidis kõrvale jahtuma.

KOOSTAMINE JA KÜPSETAMINE:

h) Sõtku kerkinud tainast kergelt jahusel pinnal veel kolm minutit, seejärel tõsta tagasi õliga määritud kaussi ja lase veel 30 minutit kerkida.

i) Kuumuta ahi 180 °C (350 °F) või gaasimärgi 4-ni.

j) Rulli pool tainast kergelt jahusel pinnal lahti ja vooderda sellega ristkülikukujuline ahjuvorm.

k) Tõsta lusikaga ühtlaselt sisse ettevalmistatud tuunikalatäidis.

l) Pintselda taigna servad veega.

m) Rulli ülejäänud tainas lahti ja laota täidise peale. Kinnitage servad ja lõigake üleliigne tainas.

n) Tee pealmisele koorikule väikesed auruavad ja puista see jahuga üle.

o) Küpsetage eelsoojendatud ahjus 30–45 minutit või kuni käigud on kahvatukuldsed.

p) Eemaldage ahjust, laske veidi jahtuda, seejärel viilutage ja serveerige.

58.Galicia tursa käive

KOOSTISOSAD:
TAIGAS
- 250 g tavalist jahu (või 175 g tavalist jahu ja 75 g maisijahu)
- 75 ml sooja vett
- 50 ml oliiviõli
- 25 ml valget veini
- 20 g värsket pärmi
- ½ tl soola
- 1 muna (munade pesemiseks)

TÄITMINE
- 225 g turska, soolatustatud
- 1 suur sibul, hakitud
- 1 suur punane paprika, tükeldatud
- 2 küüslauguküünt, hakitud
- 2 sl tomatikastet
- 1 tass rosinaid
- 1 tl paprikapulbrit
- 2 spl oliiviõli
- 1 tl soola

JUHISED:
TAIGAS
a) Aseta jahu suurde kaussi.
b) Lahustage pärm soojas vees. Lisage see kaussi. Lisa kaussi oliiviõli, valge vein ja sool.
c) Lahustage pärm soojas vees ja lisage kõik koostisosad kaussi. Sega madalal kiirusel 5 minutit, kuni tainas on ühtlane.
d) Alusta segamist lusikaga ja seejärel kätega. Asetage tainas puhtale köögilauale ja sõtke, kuni tainas on ühtlane. See võtab 8-10 minutit. Vormi see palliks.
e) Puista kaussi veidi jahu ja aseta pall sisse. Kata rätikuga ja lase 30 minutit puhata.

TÄITMINE
f) Kuumuta suurel pannil madalal-keskmisel kuumusel 2 spl oliiviõli. Sega juurde hakitud sibul, paprika ja küüslauk. Lisa sool ja küpseta keskmisel kuumusel pehmeks ja kuldseks. Umbes 15 minutit.

g) Tükelda tursk väikesteks tükkideks. Lisa pannile tursk. Lisa tomatikaste, rosinad ja paprikapulber. Segage ja küpseta 5 kuni 8 minutit. Täidis peab olema veidi mahlane. Kõrvale panema.
h) Vormi tainas ja küpseta (vt allolevat videot)
i) Jagage tainas kaheks võrdseks osaks, millest üks on põhi ja teine kate.
j) Kuumuta ahi 200ºC-ni. Ülemine ja alumine kuumus. Aseta ahjuplaadile küpsetuspaber.
k) Venitage ühte tükkidest taignarulliga, kuni saate õhukese, umbes 2–3 mm paksuse lehe.
l) Asetage tainas küpsetusplaadile.
m) Määri täidis taignale, kuid jäta serva ümber veidi ruumi, et pöörded sulgeda.
n) Venitage teine taignatükk. Peab olema sama suur kui esimene leht. Laota see täidise peale. Tihendage servad.
o) Pintselda pind lahtiklopitud munaga ja küpseta 30 minutit kuldseks. 200ºC.
p) Võta ahjust välja ja lase enne söömist jahtuda.

59. Krevettide käibed

KOOSTISOSAD:
TAIGNA JAOKS:
- 3 tassi universaalset jahu
- 1 tl Jäme sool
- ½ tl jahvatatud kurkumit
- ¼ teelusikatäit valget pipart
- 10 supilusikatäit soolata võid, jahutatud ja tükeldatud
- 6 spl pekk, jahutatud
- 1 muna
- 1 munakollane
- ½ tassi õlut või vett

TÄIDISEKS:
- 2 supilusikatäit soolata võid
- 1 Suur sibul, kooritud ja tükeldatud
- 3 küüslauguküünt
- 3 tomatit, tükeldatud
- ½ tl Jahvatatud kardemoni
- ⅛ teelusikatäis Jahvatatud nelki
- ¼ teelusikatäit valget pipart
- 1 tl Jäme sool
- 1½ tassi palmi südameid, nõrutatud ja tükeldatud
- 3 supilusikatäit peterselli
- 1 nael krevetid, kooritud ja tükeldatud

HÜVITAJA JA GLASUURI KOHTA:
- 1 munavalge
- 2 spl külma vett, piima või koort

JUHISED:
TAIGNA ETTEVALMISTAMINE:

a) Sõeluge universaalne jahu kaussi.

b) Lisa jahutatud ja tükeldatud soolata või ning sega, kuni segu meenutab jämedat jahu.

c) Lisa muna, munakollane ja ¼ tassi külma vett. Jätkake segamist ja vee lisamist, kuni moodustub tihe tainas.

d) Sõtkuge tainast, kuni see on ühtlane, seejärel mässige ja jahutage 15-30 minutit.

TÄIDISE ETTEVALMISTAMINE:
e) Kuumuta väikeses pannil soolata või.
f) Lisa hakitud sibul ja küüslauk ning kuumuta keskmisel kuumusel, kuni sibul muutub läbipaistvaks, mis võtab aega umbes 5 minutit.
g) Lisa tükeldatud tomatid, jahvatatud kardemon, jahvatatud nelk, valge pipar ja sool. Küpseta umbes 8 minutit.
h) Lisa hakitud palmi südamed ja küpseta veel 5 minutit või kuni vedelik on aurustunud.
i) Tõsta täidis kõrvale ja lase jahtuda või hoia korralikult kaanega üleöö külmkapis.

TIMEERI JA GLASUURI VALMISTAMINE:
j) Segage munakollane ja külm vesi, et moodustada tihendus ja glasuur. Pange see kõrvale.

KOOSTAMINE JA KÜPSETAMINE:
k) Kuumuta ahi temperatuurini 400 kraadi Fahrenheiti (200 kraadi Celsiuse järgi).
l) Rulli tainas jahusel laual ⅛ tolli paksuseks ja lõika 4-tollisteks ruutudeks.
m) Sõtkuge taignajäägid ja rullige need uuesti rulli, korrates ruutude tegemiseks protsessi, kuni kogu tainas on kasutatud.
n) Asetage iga ruudu keskele üks supilusikatäis täidist, seejärel pange peale krevett.
o) Niisutage taigna servad tihendiga ja moodustage tainas täidise peale voltides kolmnurk.
p) Suru servad kahvliga kokku, et tihendada.
q) Aseta Turnovers küpsetuspaberiga kaetud ahjuplaadile.
r) Pintselda Turnovers ülejäänud glasuuriga.
s) Küpseta eelkuumutatud ahjus 25 minutit või kuni need muutuvad kuldpruuniks.
t) Tõsta Turnovers restile veidi jahtuma ja serveeri siis soojalt.
u) Nautige oma maitsvat Turnovers de Camarãot, mis on täidetud maitsvate krevettide ja palmisüdametega!

60. John Dory Turnovers

KOOSTISOSAD:
Tainas käibed:
- 1 muna, kergelt lahtiklopitud
- 375 g tavalist jahu
- 1 tl küpsetuspulbrit
- 65 g soolamata jahutatud võid, tükeldatud

TÄITMINE:
- 100 ml viinamarjaseemneõli
- 700 g John Dory fileed (nahast eemaldatud), peeneks hakitud
- 1 sibul, peeneks hakitud
- 1 väike punane paprika, peeneks hakitud
- 1 ½ sl magusat paprikat
- 1 tl kuivatatud pune
- 2 tl jahvatatud köömneid
- Kuivatatud tšillihelbed, maitse järgi
- ½ tassi (75 g) sõstraid
- 2 tassi (500 ml) kalapuljongit

JUHISED:
TAIGNA JAOKS:
a) Aseta jahu, küpsetuspulber, 1 tl peensoola ja või köögikombaini. Töötle, kuni segu meenutab peent riivsaia.

b) Kui mootor töötab, lisage aeglaselt 175 ml vett ja töödelge, kuni segu ühtlustub. Vormi kettaks, paki kilesse ja seejärel 2 tunniks külmkappi.

TÄIDISEKS:
c) Kuumuta suur malmist praepann kõrgel kuumusel. Lisage 25 ml õli ja laske sellel muutuda kergelt häguseks.

d) Kui õli on kuum, lisage veerand John Doryst ja tükeldage kala küpsemise ja pruunistumise ajal lusikaga ühtlaseks, et vältida suurte tükkide teket. Veenduge, et kala hakkaks veidi värvi võtma (selleks kulub umbes 1 minut).

e) Maitsesta kergelt peene soolaga ja eemalda pannilt. Ärge kurnake hakkliha ära, kuna õlil on palju maitset ja seda kasutatakse lõppsegu valmistamisel. Korrake ülejäänud õli ja kalaga.

f) Vähenda kuumust keskmisele. Lisa sibul ja paprika ning küpseta aeg-ajalt segades 8–10 minutit, kuni need on pehmed ja kergelt värvunud.
g) Lisa paprika, pune ja köömned ning maitsesta kergelt peene soola ja nii palju tšillit, kui tunned, et vajad. Röstige kergelt 2 minutit. Lisa sõstrad ja kalapuljong ning kuumuta kõrgel kuumusel keema.
h) Küpseta 10–12 minutit, kuni puljong on paksenenud ja katab köögiviljad. Sega juurde John Dory ja maitsesta maitse järgi, lisades nii soola kui ka tšillit. Tõsta kaussi ja jahuta 30 minutit.
i) Rulli tainas puhtal jahuga kaetud pinnal 2 mm paksuseks.
j) Lõika 8 cm kondiitrilõikuriga 40 ringi tainast, rullides selle jäägid ümber. Asetage küpsetuspaberi vahele kiht, et vältida kleepumist, ja jahutage ahju eelsoojenemise ajal.

KÜPSETADA:
k) Kuumuta ahi 220°C-ni. Vooderda 2 suurt ahjuplaati küpsetuspaberiga. Lusikaga ¾ sl täidist iga tainaringi keskele.
l) Pintselda äär veega üle, murra poolkuuks ja suru servad kergelt jahuse kahvliga kokku.
m) Asetage ettevalmistatud kandikutele ja pintseldage munapesuga, seejärel jahutage 30 minutit.
n) Küpseta 15-20 minutit kuldseks. Serveeri soojalt koos meresoolahelvestega.

61.Maisi ja homaari käive

KOOSTISOSAD:
Tainas:
- 1 ¼ tassi vett
- 2 supilusikatäit taimset rasvainet või seapekki
- 1 spl soola
- 4 tassi universaalset jahu
- 1 tl šampanjaäädikat

TÄITMINE:
- ¼ tassi (½ pulka) soolamata võid
- 2 spl kuubikuteks lõigatud Hispaania sibulat
- ¼ tassi pluss 2 spl universaalset jahu
- 2 spl valget veini
- 1 tass täispiima
- 1 tass maisiterad (konserveeritud või külmutatud)
- ¼ tl jahvatatud köömneid
- ¼ tl magusat suitsupaprikat
- ⅛ tl jahvatatud koriandrit
- Sool ja pipar maitse järgi
- 1 tass jämedalt tükeldatud keedetud homaariliha (umbes ühest 1-kilosest homaarist, keedetud 7 minutit ja šokeeritud jäävees)
- ¾ tassi riivitud teravat Cheddari juustu
- 2 spl hakitud murulauku
- 2 munakollast segada 2 spl veega

JUHISED:
VALMISTA TAIGAS:
a) Sega väikeses kastrulis vesi, rasvaine (või seapekk) ja sool. Kuumuta see keemiseni, seejärel eemalda tulelt ja lase 5 minutit puhata.
b) Asetage jahu taignakonksuga varustatud mikseri kaussi. Lisa veesegu ja šampanjaäädikas.
c) Sega keskmisel kiirusel kuni segunemiseni, seejärel suurenda kiirust ja sega umbes 5 minutit, kuni tainas moodustab palli ja tõmbub puhtalt kausi külgedelt eemale. Vajadusel lisage supilusikatäis vett.
d) Eemaldage tainas kausist, katke see kilega ja laske 10 minutit toatemperatuuril seista.

e) Lõika tainas neljandikku.
f) Rulli taignatükk pastarulli kinnitusvahendi või taignarulli abil ⅛-tollise paksusega leht.
g) Kasutades 4 ½-tollist ümmargust lõikurit, lõigake lehelt välja 2 ringi.
h) Aseta taignaringid küpsetuspaberiga kaetud küpsiseplaadile ja kata teise küpsetuspaberi kihiga. Korrake ülejäänud taignatükkidega.
i) Tõsta vähemalt 2 tunniks külmkappi.

VALMISTA TÄIDIS:
j) Raskel pannil keskmisel kuumusel sulatage või.
k) Lisa tükeldatud sibul ja prae läbipaistvaks (umbes 2 minutit).
l) Lisa jahu ja sega ühtlaseks.
m) Lisa valge vein ja piim. Alanda kuumust ja sega pidevalt, kuni segu pakseneb (umbes 2 minutit).
n) Lisa mais, köömned, paprika, koriander ning maitsesta soola ja pipraga.
o) Eemaldage tulelt ja lisage homaari liha, cheddari juust ja murulauk. Tõsta kõrvale jahtuma.

KOKKU KÄIVED:
p) Kuumuta ahi 425ºF-ni.
q) Aseta taignaringid kergelt jahusele pinnale.
r) Pane kuhjaga supilusikatäis maisi-homaari täidist ringi keskele.
s) Pintselda taigna servad munakollasepesuga.
t) Voldi ring enda peale, suru servad sõrmede või kahvliga kinni ja aseta ahjuplaadile.
u) Korrake, kuni kõik käibed on täidetud.
v) Küpseta Turnovers kuni need on kuldpruunid ja paisunud, mis võtab umbes 15 kuni 20 minutit.
w) Serveeri Turnovers soojalt.

62.Küüslauguüürdi ja lõhe käibed

KOOSTISOSAD:
- 2 jahutatud pirukakoorikut, pehmendatud
- 6 untsi suitsulõhet, helvestatud
- 1 pakk (5,2 untsi) Boursini juustu küüslaugu ja ürtidega
- ½ tassi hapukoort
- 1 spl hakitud värsket murulauku (valikuline)

JUHISED:

a) Kuumuta oma ahi temperatuurini 425 ° F. Vooderda suur küpsiseplaat küpsetuspaberiga või piserdage see küpsetusspreiga.

b) Eemaldage kottidest pirukakoorikud ja asetage need tasapinnaliselt tööpinnale.

c) Lõika iga pirukakoor 4 kiilukujuliseks tükiks.

TEE LÕHE-JUUSTU TÄIDIS:

d) Segage väikeses kausis suitsulõhe ja Boursini juust küüslaugu ja ürtidega, kuni need on hästi segunenud.

KOKKU KÄIVED:

e) Määri umbes 2 supilusikatäit lõhe-juustu segu ühtlaselt poolele igale pirukakooriku viilule, jättes servade ümber ¼-tollise äärise.

f) Pintselda pirukakooriku servad veega, et need tihendada.

g) Murra lahtine pool tainast täidise peale, moodustades kolmnurga. Suru servad tihedalt kinni.

BAKE THE Käive:

h) Asetage kokkupandud Turnvers ettevalmistatud küpsiseplaadile.

i) Küpseta eelkuumutatud ahjus 12–17 minutit või kuni need muutuvad kuldpruuniks.

j) Kui pöörded on küpsetatud, eemaldage need kohe küpsiseplaadilt ja asetage need restile umbes 10 minutiks jahtuma.

VALMISTA HAPUKOOREDIPP:

k) Väikeses kausis vala lusikaga hapukoor.

l) Soovi korral puista peale hakitud värsket murulauku.

m) Aseta kauss hapukoorega serveerimisvaagna keskele.

n) Lõika iga soe Turnover pooleks, moodustades 2 kolmnurka ja asetage need kausi ümber.

o) Nautige oma maitsvat küüslauguürdi ja lõhe ringlust!

63.Minikrabide käibed

KOOSTISOSAD:
KRABITÄIDISEKS:
- 8 untsi Jumbo tükk krabiliha, nõrutatud
- ¼ tassi punast pipart, tükeldatud
- ¼ tassi värsket peterselli, peeneks hakitud
- 2 spl värsket murulauku, peeneks hakitud
- ½ tassi majoneesi
- 4 untsi vahukoore juustu
- 1 spl sidrunimahla
- ½ tl kuuma kastet
- ¼ tassi Panko riivsaia

KÄIBE KOKKU KOOSTAMISEKS:
- 20 pöördeketast, pooleks lõigatud ja sulatatud (järgige pakendi juhiseid)
- Vesi ringluse sulgemiseks (vaadake selle retsepti videot)
- 1-tolline sügav maisiõli pannil praadimiseks

JUHISED:
KÜPSETATUD KRABIDIPPI KASUTAMINE:
a) Aseta krabiliha kaussi ja helbista kergelt.
b) Sega juurde kuubikuteks lõigatud punane pipar, peeneks hakitud petersell ja peeneks hakitud murulauk. Sega õrnalt.
c) Lisa majonees, vahukoor, sidrunimahl ja kuum kaste. Segage uuesti õrnalt.
d) Aseta segu ahjuvormi.
e) Kuumuta ahi 425 kraadini ja aseta rest ahju teisele ülemisele rajale.
f) Vahetult enne küpsetamist puista Panko riivsai ühtlaselt krabisegu peale.
g) Küpseta, kuni Panko on kergelt röstitud ja ahjuvormi äärtes on näha mullitamist. Selleks võib kuluda umbes 20 minutit. Hoidke sellel silm peal.
h) Kui olete valmis, serveerige crostini, melba röstsaia või teie eelistatud valikuga.

MINIKRABI KÄIBE TEGEMINE NULLIST:
i) Järgige kõiki krabisegu valmistamise juhiseid, kuid ärge pange seda üle Panko riivsaiaga ja ärge küpsetage.

j) Selle asemel lõika Turnoversi kettad pooleks.
k) Niisuta iga poolketta servi veega.
l) Asetage umbes ½ tl krabisegu iga poolketta keskele.
m) Voldi poolketas kokku, et moodustada poolkuu kuju ja tihenda servad kahvli piidega. Viitamiseks vaadake kaasasolevat videot.
n) Kui kõik Turnovers on täidetud ja suletud, võite külmutada need, mida te ei valmista, asetades need ilma kattumiseta taldrikule umbes 30 minutiks sügavkülma ja asetades need seejärel lukuga kotti. Hoidke neid sügavkülmas, kuni olete praadimiseks valmis.
o) Kui olete valmis praadimiseks, lisage pannil kõrgel kuumusel umbes 1 tolli maisiõli.
p) Kui õli on kuum, alandage kuumust keskmisele ja oodake üks minut.
q) Lisa ettevaatlikult ükshaaval iga minikäpp ja prae, kuni need on kergelt kuldpruunid, keerates vastavalt vajadusele. Pidage meeles, et krabi täidis on juba keedetud ja me peame küpsetama ainult välisust.
r) Nautige oma maitsvat Mini Crab Turnoverit täiusliku eelroana igaks sündmuseks!

64.Tilapia käibed

KOOSTISOSAD:
- 3 supilusikatäit oliiviõli
- ½ tassi valget või kollast sibulat, peeneks hakitud
- 2 suurt küüslauguküünt, peeneks hakitud
- 4 tilapia kalafileed, sulatatud
- Pipar maitse järgi
- 2 väikest punast kartulit, kooritud, keedetud ja tükeldatud
- 2 porgandit, kooritud, keedetud ja väikesteks kuubikuteks hakitud
- 6 musta oliivi, tükeldatud
- 6 rohelist oliivi, tükeldatud
- 4 tl kapparit
- ¾ teelusikatäit soola
- ¾ tl purustatud punase pipra helbeid
- ¼ teelusikatäit paprikat
- 1 spl valge veini äädikat
- 6 värsket peterselli oksa, peeneks hakitud
- 1 karp lehttaigna lehti (2 lehte), sulatatud
- 1 muna

TÄIENDAVAD ASJAD:
- Universaalne jahu
- Küpsetusplaadid
- Pärgamentpaber
- 4-tolline ümmargune vorm käivete lõikamiseks

JUHISED:
a) Kuumuta ahi temperatuurini 350 kraadi F (177 °C).
b) Kuumuta oliiviõli suurel pannil. Lisa peeneks hakitud sibul ja küüslauk ning prae umbes üks minut.
c) Lisa pannile neli tilapiafileed.
d) Maitsesta pipraga ja küpseta 2-3 minutit mõlemalt poolt.
e) Lõika keedetud kala pannil paari kahvli abil katki.
f) Sega kalasegusse keedetud ja tükeldatud kartul, porgand, oliivid, kapparid, sool, purustatud punase pipra helbed, paprika, peeneks hakitud petersell ja valge veini äädikas.
g) Küpseta veel 2-3 minutit.
h) Maitse soola järele ja vajadusel kohanda.

i) Lülitage kuumus välja ja asetage kõrvale.

VALMISTA lehttainas:

j) Aseta 1 lehttaignaleht kergelt jahusele puhtale pinnale (teine leht hoia külmikus).

k) Rulli lehttaigna leht jahuga taignarulliga 12 x 12 tolli suuruseks.

l) Lõika ümmarguse vormi abil välja 9 ringi (võid kasutada ka ümarat kaant või klaasiäärt).

m) Pane üleliigne tainas kilekotti ja jahuta.

KOOSTAMISE käive:

n) Täida iga Turnover teelusikatäis kalatäidisega.

o) Voldi tainas täidise peale ja suru sõrmedega servad kinni.

p) Kasutage kahvlit, et servad kokku suruda.

q) Tehke iga pöörde peale väike pilu, et aur välja pääseks.

r) Aseta Turnovers küpsetuspaberiga kaetud ahjuplaadile.

s) Korrake seda protsessi kokku 9 ringluse jaoks.

t) Võta külmkapist teine lehttaigna leht ja tee veel 9 tiiru.

u) Lisa üleliigne tainas esimese lehe üleliigsele taignale, sõtku paar minutit ja rulli küpsetis uuesti rulli.

v) See annab teile täiendavalt 4–6 käivet.

w) Klopi lahti muna ja pintselda iga Turnovers.

x) Küpseta 20-22 minutit või kuni küpsetis on kuldpruun.

y) Nautige oma maitsvat Tilapia ringlust maitsva maiuspalana!

SEALIHA KÄIRE

65.Tõmmatud sealiha käibed

KOOSTISOSAD:
- 1 nael tõmmatud sealiha
- 1/2 tassi grillkastet
- 1/4 tassi tükeldatud sibulat
- 1/4 tassi tükeldatud paprikat
- 1/4 tassi hakitud Cheddari juustu
- Sool ja pipar maitse järgi
- 1 pakk lehttainast, sulatatud
- 1 muna, lahtiklopitud

JUHISED:
a) Kuumuta ahi temperatuurini 375 °F (190 °C).
b) Sega kausis sealiha, grillkaste, tükeldatud sibul, kuubikuteks lõigatud paprika, riivitud Cheddari juust, sool ja pipar.
c) Rulli lehttainas lahti ja lõika ruutudeks.
d) Aseta igale ruudule lusikatäis sealiha segu.
e) Voldi tainas täidise peale, et moodustada kolmnurgad ja sule servad kahvliga kinni.
f) Pintselda käigud lahtiklopitud munaga.
g) Aseta küpsetuspaberiga kaetud ahjuplaadile ja küpseta 20-25 minutit või kuni kuldpruunini.
h) Lase enne serveerimist veidi jahtuda.

66.Apple sealiha käibed

KOOSTISOSAD:
- 1 nael jahvatatud sealiha
- 2 õuna, kooritud ja kuubikuteks lõigatud
- 1/4 tassi tükeldatud sibulat
- 1/4 tassi kuubikuteks lõigatud sellerit
- 1/4 tassi hakitud kreeka pähkleid
- 2 spl vahtrasiirupit
- Sool ja pipar maitse järgi
- 1 pakk lehttainast, sulatatud
- 1 muna, lahtiklopitud

JUHISED:
a) Kuumuta ahi temperatuurini 375 °F (190 °C).
b) Küpseta pannil sealiha, tükeldatud õuna, kuubikuteks lõigatud sibulat ja kuubikuteks lõigatud sellerit, kuni sealiha on pruunistunud ja õunad pehmenenud. Kurna üleliigne rasv.
c) Sega juurde hakitud kreeka pähklid, vahtrasiirup, sool ja pipar.
d) Rulli lehttainas lahti ja lõika ruutudeks.
e) Asetage igale ruudule lusikatäis õunasegu.
f) Voldi tainas täidise peale, et moodustada kolmnurgad ja sule servad kahvliga kinni.
g) Pintselda käigud lahtiklopitud munaga.
h) Aseta küpsetuspaberiga kaetud ahjuplaadile ja küpseta 20-25 minutit või kuni kuldpruunini.
i) Lase enne serveerimist veidi jahtuda.

67.Vorsti ja õuna käibed

KOOSTISOSAD:
- 1 nael sealihavorsti
- 2 õuna, kooritud ja kuubikuteks lõigatud
- 1/4 tassi tükeldatud sibulat
- 1/4 tassi hakitud Cheddari juustu
- 1 spl hakitud värsket salvei
- Sool ja pipar maitse järgi
- 1 pakk lehttainast, sulatatud
- 1 muna, lahtiklopitud

JUHISED:
a) Kuumuta ahi temperatuurini 375 °F (190 °C).
b) Küpseta pannil sealihavorsti, tükeldatud õuna ja kuubikuteks lõigatud sibulat, kuni vorst on pruunistunud ja õunad pehmenenud. Kurna üleliigne rasv.
c) Sega hulka hakitud Cheddari juust, hakitud värske salvei, sool ja pipar.
d) Rulli lehttainas lahti ja lõika ruutudeks.
e) Aseta igale ruudule lusikatäis vorsti ja õuna segu.
f) Voldi tainas täidise peale, et moodustada kolmnurgad ja sule servad kahvliga kinni.
g) Pintselda käigud lahtiklopitud munaga.
h) Aseta küpsetuspaberiga kaetud ahjuplaadile ja küpseta 20-25 minutit või kuni kuldpruunini.
i) Lase enne serveerimist veidi jahtuda.

68.Hoisin sealiha käibed

KOOSTISOSAD:
- 1 nael jahvatatud sealiha
- 1/4 tassi hoisin kastet
- 2 spl sojakastet
- 2 küüslauguküünt, hakitud
- 1 spl riivitud ingverit
- 1/4 tassi hakitud rohelist sibulat
- Sool ja pipar maitse järgi
- 1 pakk lehttainast, sulatatud
- 1 muna, lahtiklopitud

JUHISED:
a) Kuumuta ahi temperatuurini 375 °F (190 °C).
b) Küpseta pannil sealiha, hakitud küüslauk ja riivitud ingver, kuni sealiha on pruunistunud. Kurna üleliigne rasv.
c) Sega hulka hoisin kaste, sojakaste, hakitud roheline sibul, sool ja pipar.
d) Rulli lehttainas lahti ja lõika ruutudeks.
e) Aseta igale ruudule lusikatäis hoisin sealihasegu.
f) Voldi tainas täidise peale, et moodustada kolmnurgad ja sule servad kahvliga kinni.
g) Pintselda käigud lahtiklopitud munaga.
h) Aseta küpsetuspaberiga kaetud ahjuplaadile ja küpseta 20-25 minutit või kuni kuldpruunini.
i) Lase enne serveerimist veidi jahtuda.

69.Sealiha ja Kimchi käibed

KOOSTISOSAD:
- 1 nael jahvatatud sealiha
- 1 tass kimchit, tükeldatud
- 1/4 tassi tükeldatud sibulat
- 2 küüslauguküünt, hakitud
- 1 spl sojakastet
- 1 spl seesamiõli
- Sool ja pipar maitse järgi
- 1 pakk lehttainast, sulatatud
- 1 muna, lahtiklopitud

JUHISED:
a) Kuumuta ahi temperatuurini 375 °F (190 °C).
b) Küpseta pannil sealiha, tükeldatud sibul ja hakitud küüslauk, kuni sealiha on pruunistunud. Kurna üleliigne rasv.
c) Sega juurde tükeldatud kimchi, sojakaste, seesamiõli, sool ja pipar.
d) Rulli lehttainas lahti ja lõika ruutudeks.
e) Aseta igale ruudule lusikatäis sealiha ja kimchi segu.
f) Voldi tainas täidise peale, et moodustada kolmnurgad ja sule servad kahvliga kinni.
g) Pintselda käigud lahtiklopitud munaga.
h) Aseta küpsetuspaberiga kaetud ahjuplaadile ja küpseta 20-25 minutit või kuni kuldpruunini.
i) Lase enne serveerimist veidi jahtuda.

70.Sealiha ja kapsa käibed

KOOSTISOSAD:
- 1 nael jahvatatud sealiha
- 2 tassi hakitud kapsast
- 1/4 tassi tükeldatud sibulat
- 2 küüslauguküünt, hakitud
- 2 spl sojakastet
- 1 spl riisiäädikat
- Sool ja pipar maitse järgi
- 1 pakk lehttainast, sulatatud
- 1 muna, lahtiklopitud

JUHISED:
a) Kuumuta ahi temperatuurini 375 °F (190 °C).
b) Küpseta pannil sealiha, hakitud kapsast, kuubikuteks lõigatud sibulat ja hakitud küüslauku, kuni sealiha on pruunistunud ja kapsas pehmenenud. Kurna üleliigne rasv.
c) Sega juurde sojakaste, riisiäädikas, sool ja pipar.
d) Rulli lehttainas lahti ja lõika ruutudeks.
e) Aseta igale ruudule lusikatäis sealiha ja kapsa segu.
f) Voldi tainas täidise peale, et moodustada kolmnurgad ja sule servad kahvliga kinni.
g) Pintselda käigud lahtiklopitud munaga.
h) Aseta küpsetuspaberiga kaetud ahjuplaadile ja küpseta 20-25 minutit või kuni kuldpruunini.
i) Lase enne serveerimist veidi jahtuda.

71.Sealiha ja oa võrse käibed

KOOSTISOSAD:

- 1 nael jahvatatud sealiha
- 2 tassi oa idandeid
- 1/4 tassi tükeldatud sibulat
- 2 küüslauguküünt, hakitud
- 2 spl austrikastet
- 1 spl sojakastet
- Sool ja pipar maitse järgi
- 1 pakk lehttainast, sulatatud
- 1 muna, lahtiklopitud

JUHISED:

a) Kuumuta ahi temperatuurini 375 °F (190 °C).
b) Küpseta pannil sealiha, oad, kuubikuteks lõigatud sibul ja hakitud küüslauk, kuni sealiha on pruunistunud ja oad pehmenenud. Kurna üleliigne rasv.
c) Segage austrikaste, sojakaste, sool ja pipar.
d) Rulli lehttainas lahti ja lõika ruutudeks.
e) Aseta igale ruudule lusikatäis sealiha ja oa idanemise segu.
f) Voldi tainas täidise peale, et moodustada kolmnurgad ja sule servad kahvliga kinni.
g) Pintselda käigud lahtiklopitud munaga.
h) Aseta küpsetuspaberiga kaetud ahjuplaadile ja küpseta 20-25 minutit või kuni kuldpruunini.
i) Lase enne serveerimist veidi jahtuda.

72.Sealiha ja ananassi käibed

KOOSTISOSAD:
- 1 nael jahvatatud sealiha
- 1 tass kuubikuteks lõigatud ananassi
- 1/4 tassi tükeldatud paprikat
- 1/4 tassi tükeldatud sibulat
- 2 küüslauguküünt, hakitud
- 2 spl sojakastet
- 1 spl pruuni suhkrut
- Sool ja pipar maitse järgi
- 1 pakk lehttainast, sulatatud
- 1 muna, lahtiklopitud

JUHISED:
a) Kuumuta ahi temperatuurini 375 °F (190 °C).
b) Küpseta pannil jahvatatud sealiha, tükeldatud ananassi, kuubikuteks lõigatud paprikat, tükeldatud sibulat ja hakitud küüslauku, kuni sealiha on pruunistunud ja köögiviljad pehmenenud. Kurna üleliigne rasv.
c) Sega juurde sojakaste, pruun suhkur, sool ja pipar.
d) Rulli lehttainas lahti ja lõika ruutudeks.
e) Aseta igale ruudule lusikatäis sealiha ja ananassi segu.
f) Voldi tainas täidise peale, et moodustada kolmnurgad ja sule servad kahvliga kinni.
g) Pintselda käigud lahtiklopitud munaga.
h) Aseta küpsetuspaberiga kaetud ahjuplaadile ja küpseta 20-25 minutit või kuni kuldpruunini.
i) Lase enne serveerimist veidi jahtuda.

JUUSTU KÄIBED

73. Spinati ja fetajuustu käibed

KOOSTISOSAD:
- 1 tass hakitud spinatit, keedetud ja nõrutatud
- 1/2 tassi murendatud fetajuustu
- 1/4 tassi tükeldatud sibulat
- 1 küüslauguküüs, hakitud
- 1/4 tl kuivatatud pune
- Sool ja pipar maitse järgi
- 1 pakk lehttainast, sulatatud
- 1 muna, lahtiklopitud

JUHISED:
a) Kuumuta ahi temperatuurini 375 °F (190 °C).
b) Sega kausis kokku hakitud keedetud spinat, murendatud fetajuust, tükeldatud sibul, hakitud küüslauk, kuivatatud pune, sool ja pipar.
c) Rulli lehttainas lahti ja lõika ruutudeks.
d) Aseta igale ruudule lusikatäis spinati ja feta segu.
e) Voldi tainas täidise peale, et moodustada kolmnurgad ja sule servad kahvliga kinni.
f) Pintselda käigud lahtiklopitud munaga.
g) Aseta küpsetuspaberiga kaetud ahjuplaadile ja küpseta 20-25 minutit või kuni kuldpruunini.
h) Lase enne serveerimist veidi jahtuda.

74.Kolm juustukäivet

KOOSTISOSAD:
- 1 tass riivitud mozzarella juustu
- 1/2 tassi murendatud fetajuustu
- 1/4 tassi riivitud parmesani juustu
- 1/4 tassi hakitud värsket basiilikut
- Sool ja pipar maitse järgi
- 1 pakk lehttainast, sulatatud
- 1 muna, lahtiklopitud

JUHISED:
a) Kuumuta ahi temperatuurini 375 °F (190 °C).
b) Sega kausis kokku riivitud mozzarella juust, murendatud fetajuust, riivitud parmesani juust, hakitud värske basiilik, sool ja pipar.
c) Rulli lehttainas lahti ja lõika ruutudeks.
d) Asetage igale ruudule lusikatäis kolme juustu segu.
e) Voldi tainas täidise peale, et moodustada kolmnurgad ja sule servad kahvliga kinni.
f) Pintselda käigud lahtiklopitud munaga.
g) Aseta küpsetuspaberiga kaetud ahjuplaadile ja küpseta 20-25 minutit või kuni kuldpruunini.
h) Lase enne serveerimist veidi jahtuda.

75. Cheddari ja brokkoli käibed

KOOSTISOSAD:
- 1 tass hakitud brokolit, keedetud ja nõrutatud
- 1 tass hakitud Cheddari juustu
- 1/4 tassi tükeldatud sibulat
- 1 küüslauguküüs, hakitud
- Sool ja pipar maitse järgi
- 1 pakk lehttainast, sulatatud
- 1 muna, lahtiklopitud

JUHISED:
a) Kuumuta ahi temperatuurini 375 °F (190 °C).
b) Sega kausis kokku hakitud keedetud spargelkapsas, riivitud Cheddari juust, tükeldatud sibul, hakitud küüslauk, sool ja pipar.
c) Rulli lehttainas lahti ja lõika ruutudeks.
d) Asetage igale ruudule lusikatäis brokkoli ja cheddari segu.
e) Voldi tainas täidise peale, et moodustada kolmnurgad ja sule servad kahvliga kinni.
f) Pintselda käigud lahtiklopitud munaga.
g) Aseta küpsetuspaberiga kaetud ahjuplaadile ja küpseta 20-25 minutit või kuni kuldpruunini.
h) Lase enne serveerimist veidi jahtuda.

76.Sinihallitusjuustu ja pirni käibed

KOOSTISOSAD:
- 1 tass purustatud sinihallitusjuustu
- 1 pirn, kooritud ja kuubikuteks lõigatud
- 1/4 tassi hakitud kreeka pähkleid
- 2 supilusikatäit mett
- Sool ja pipar maitse järgi
- 1 pakk lehttainast, sulatatud
- 1 muna, lahtiklopitud

JUHISED:
a) Kuumuta ahi temperatuurini 375 °F (190 °C).
b) Sega kausis kokku murendatud sinihallitusjuust, tükeldatud pirn, hakitud kreeka pähklid, mesi, sool ja pipar.
c) Rulli lehttainas lahti ja lõika ruutudeks.
d) Aseta igale ruudule lusikatäis sinihallitusjuustu ja pirni segu.
e) Voldi tainas täidise peale, et moodustada kolmnurgad ja sule servad kahvliga kinni.
f) Pintselda käigud lahtiklopitud munaga.
g) Aseta küpsetuspaberiga kaetud ahjuplaadile ja küpseta 20-25 minutit või kuni kuldpruunini.
h) Lase enne serveerimist veidi jahtuda.

77.Kitsejuustu ja röstitud punase pipra käigud

KOOSTISOSAD:
- 1 tass murendatud kitsejuustu
- 1/2 tassi röstitud punast paprikat, tükeldatud
- 2 spl hakitud värsket basiilikut
- Sool ja pipar maitse järgi
- 1 pakk lehttainast, sulatatud
- 1 muna, lahtiklopitud

JUHISED:
a) Kuumuta ahi temperatuurini 375 °F (190 °C).
b) Sega kausis kokku murendatud kitsejuust, hakitud röstitud punane paprika, hakitud värske basiilik, sool ja pipar.
c) Rulli lehttainas lahti ja lõika ruutudeks.
d) Aseta igale ruudule lusikatäis kitsejuustu ja röstitud punase pipra segu.
e) Voldi tainas täidise peale, et moodustada kolmnurgad ja sule servad kahvliga kinni.
f) Pintselda käigud lahtiklopitud munaga.
g) Aseta küpsetuspaberiga kaetud ahjuplaadile ja küpseta 20-25 minutit või kuni kuldpruunini.
h) Lase enne serveerimist veidi jahtuda.

78.Brie ja jõhvika käibed

KOOSTISOSAD:
- 1 rattaga brie juust, koor eemaldatud ja kuubikuteks lõigatud
- 1/2 tassi jõhvikakastet
- 2 supilusikatäit hakitud pekanipähklit
- Sool ja pipar maitse järgi
- 1 pakk lehttainast, sulatatud
- 1 muna, lahtiklopitud

JUHISED:
a) Kuumuta ahi temperatuurini 375 °F (190 °C).
b) Sega kausis kokku tükeldatud brie juust, jõhvikakaste, hakitud pekanipähklid, sool ja pipar.
c) Rulli lehttainas lahti ja lõika ruutudeks.
d) Aseta igale ruudule lusikatäis brie ja jõhvika segu.
e) Voldi tainas täidise peale, et moodustada kolmnurgad ja sule servad kahvliga kinni.
f) Pintselda käigud lahtiklopitud munaga.
g) Aseta küpsetuspaberiga kaetud ahjuplaadile ja küpseta 20-25 minutit või kuni kuldpruunini.
h) Lase enne serveerimist veidi jahtuda.

79.Cheddari ja Apple'i käive

KOOSTISOSAD:
- 1 tass hakitud Cheddari juustu
- 1 õun, kooritud ja kuubikuteks lõigatud
- 2 supilusikatäit mett
- 1/4 tl jahvatatud kaneeli
- Sool ja pipar maitse järgi
- 1 pakk lehttainast, sulatatud
- 1 muna, lahtiklopitud

JUHISED:
a) Kuumuta ahi temperatuurini 375 °F (190 °C).
b) Sega kausis kokku riivitud cheddari juust, tükeldatud õun, mesi, jahvatatud kaneel, sool ja pipar.
c) Rulli lehttainas lahti ja lõika ruutudeks.
d) Asetage igale ruudule lusikatäis cheddari ja õuna segu.
e) Voldi tainas täidise peale, et moodustada kolmnurgad ja sule servad kahvliga kinni.
f) Pintselda käigud lahtiklopitud munaga.
g) Aseta küpsetuspaberiga kaetud ahjuplaadile ja küpseta 20-25 minutit või kuni kuldpruunini.
h) Lase enne serveerimist veidi jahtuda.

80.Ricotta ja spinati käibed

KOOSTISOSAD:
- 1 tass ricotta juustu
- 1 tass hakitud spinatit, keedetud ja nõrutatud
- 1/4 tassi riivitud parmesani juustu
- 1 küüslauguküüs, hakitud
- Sool ja pipar maitse järgi
- 1 pakk lehttainast, sulatatud
- 1 muna, lahtiklopitud

JUHISED:
a) Kuumuta ahi temperatuurini 375 °F (190 °C).
b) Sega kausis kokku ricotta juust, keedetud ja nõrutatud tükeldatud spinat, riivitud parmesani juust, hakitud küüslauk, sool ja pipar.
c) Rulli lehttainas lahti ja lõika ruutudeks.
d) Aseta igale ruudule lusikatäis ricotta ja spinati segu.
e) Voldi tainas täidise peale, et moodustada kolmnurgad ja sule servad kahvliga kinni.
f) Pintselda käigud lahtiklopitud munaga.
g) Aseta küpsetuspaberiga kaetud ahjuplaadile ja küpseta 20-25 minutit või kuni kuldpruunini.
h) Lase enne serveerimist veidi jahtuda.

81.Seente ja Šveitsi juustu käibed

KOOSTISOSAD:
- 1 tass viilutatud seeni
- 1/4 tassi tükeldatud sibulat
- 1 küüslauguküüs, hakitud
- 1 tass hakitud Šveitsi juustu
- 2 spl hakitud värsket peterselli
- Sool ja pipar maitse järgi
- 1 pakk lehttainast, sulatatud
- 1 muna, lahtiklopitud

JUHISED:
a) Kuumuta ahi temperatuurini 375 °F (190 °C).
b) Prae pannil viilutatud seened, tükeldatud sibul ja hakitud küüslauk pehmeks.
c) Sega hulka hakitud Šveitsi juust, hakitud värske petersell, sool ja pipar.
d) Rulli lehttainas lahti ja lõika ruutudeks.
e) Aseta igale ruudule lusikatäis seene- ja Šveitsi juustu segu.
f) Voldi tainas täidise peale, et moodustada kolmnurgad ja sule servad kahvliga kinni.
g) Pintselda käigud lahtiklopitud munaga.
h) Aseta küpsetuspaberiga kaetud ahjuplaadile ja küpseta 20-25 minutit või kuni kuldpruunini.
i) Lase enne serveerimist veidi jahtuda.

82.Peekoni ja Gouda käibed

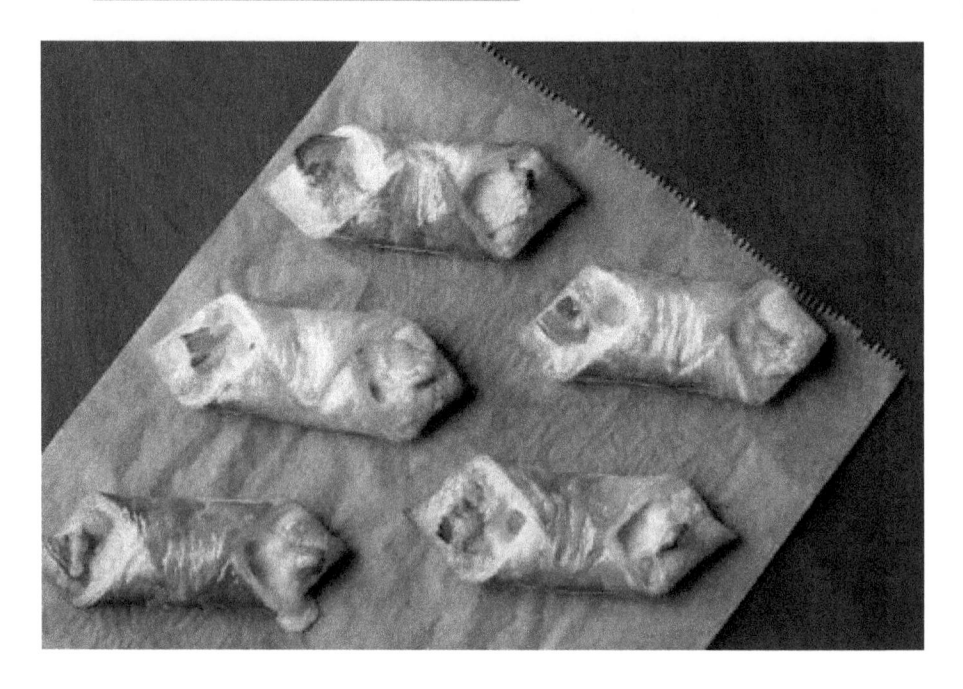

KOOSTISOSAD:
- 1 tass riivitud Gouda juustu
- 6 viilu peekonit, keedetud ja murendatud
- 1/4 tassi hakitud rohelist sibulat
- Sool ja pipar maitse järgi
- 1 pakk lehttainast, sulatatud
- 1 muna, lahtiklopitud

JUHISED:
a) Kuumuta ahi temperatuurini 375 °F (190 °C).
b) Sega kausis kokku riivitud Gouda juust, purustatud keedetud peekon, hakitud roheline sibul, sool ja pipar.
c) Rulli lehttainas lahti ja lõika ruutudeks.
d) Aseta igale ruudule lusikatäis peekoni ja Gouda segu.
e) Voldi tainas täidise peale, et moodustada kolmnurgad ja sule servad kahvliga kinni.
f) Pintselda käigud lahtiklopitud munaga.
g) Aseta küpsetuspaberiga kaetud ahjuplaadile ja küpseta 20-25 minutit või kuni kuldpruunini.
h) Lase enne serveerimist veidi jahtuda.

83. Päikesekuivatatud tomatite ja mozzarella ringlus

KOOSTISOSAD:
- 1 tass riivitud mozzarella juustu
- 1/4 tassi tükeldatud päikesekuivatatud tomateid
- 2 spl hakitud värsket basiilikut
- Sool ja pipar maitse järgi
- 1 pakk lehttainast, sulatatud
- 1 muna, lahtiklopitud

JUHISED:
a) Kuumuta ahi temperatuurini 375 °F (190 °C).
b) Sega kausis kokku riivitud mozzarella juust, tükeldatud päikesekuivatatud tomatid, hakitud värske basiilik, sool ja pipar.
c) Rulli lehttainas lahti ja lõika ruutudeks.
d) Aseta igale ruudule lusikatäis päikesekuivatatud tomati ja mozzarella segu.
e) Voldi tainas täidise peale, et moodustada kolmnurgad ja sule servad kahvliga kinni.
f) Pintselda käigud lahtiklopitud munaga.
g) Aseta küpsetuspaberiga kaetud ahjuplaadile ja küpseta 20-25 minutit või kuni kuldpruunini.
h) Lase enne serveerimist veidi jahtuda.

84.Artišoki ja parmesani käigud

KOOSTISOSAD:
- 1 tass riivitud parmesani juustu
- 1 tass hakitud marineeritud artišokisüdameid
- 1/4 tassi hakitud värsket peterselli
- Sool ja pipar maitse järgi
- 1 pakk lehttainast, sulatatud
- 1 muna, lahtiklopitud

JUHISED:
a) Kuumuta ahi temperatuurini 375 °F (190 °C).
b) Sega kausis kokku riivitud parmesani juust, hakitud marineeritud artišokisüdamed, hakitud värske petersell, sool ja pipar.
c) Rulli lehttainas lahti ja lõika ruutudeks.
d) Aseta igale ruudule lusikatäis artišoki ja parmesani segu.
e) Voldi tainas täidise peale, et moodustada kolmnurgad ja sule servad kahvliga kinni.
f) Pintselda käigud lahtiklopitud munaga.
g) Aseta küpsetuspaberiga kaetud ahjuplaadile ja küpseta 20-25 minutit või kuni kuldpruunini.
h) Lase enne serveerimist veidi jahtuda.

85.Pitsa käibed

KOOSTISOSAD:
- 1 pakend (2 lehte) lehttaigna, sulatatud
- 1 tass marinara kastet
- 1 tass riivitud mozzarella juustu
- 1/4 tassi viilutatud pepperoni
- 1/4 tassi viilutatud musti oliive
- 1/4 tassi viilutatud seeni
- 1/4 tassi kuubikuteks lõigatud paprikat
- 1/4 tassi tükeldatud sibulat
- 1/4 tassi riivitud parmesani juustu
- 1 spl oliiviõli
- 1 tl kuivatatud pune
- 1 tl kuivatatud basiilikut
- Sool ja pipar maitse järgi
- Jahu, tolmutamiseks

JUHISED:
a) Kuumuta ahi temperatuurini 400 °F (200 °C). Vooderda ahjuplaat küpsetuspaberiga.
b) Murra kergelt jahusel pinnal lahti üks lehttaignaleht. Rulli see veidi õhemaks.
c) Lõika küpsetis noa või pitsalõikuri abil 4 ruuduks.
d) Sega kausis marinara kaste, mozzarella juust, pepperoni, mustad oliivid, seened, paprika, sibul, parmesani juust, oliiviõli, pune, basiilik, sool ja pipar.
e) Aseta lusikatäis pitsatäidist iga lehttaigna ruudu poolele, jättes servade ümber äärise.
f) Murra teine pool tainast täidise peale, et tekiks kolmnurga kuju. Suru servad kahvliga kokku, et tihendada.
g) Korrake protsessi ülejäänud lehttaignalehe ja täidisega.
h) Asetage pöörded ettevalmistatud küpsetusplaadile.
i) Pintselda kaaned üle vähese oliiviõliga ja puista peale soovi korral veel parmesani.
j) Küpseta eelkuumutatud ahjus 20-25 minutit või kuni käigud on paisunud ja kuldpruunid.
k) Lase enne serveerimist paar minutit jahtuda.
l) Serveeri soojalt ja naudi oma maitsvaid pitsakäivesid!

MAGUSTOODI KÄIVED

86.Õuna kaneeli käibed

KOOSTISOSAD:

- 2 lehttainast, sulatatud
- 2 suurt õuna, kooritud, südamikust puhastatud ja kuubikuteks lõigatud
- 1/4 tassi granuleeritud suhkrut
- 1 tl jahvatatud kaneeli
- 1 spl sidrunimahla
- 2 spl võid, sulatatud
- Tuhksuhkur, tolmutamiseks

JUHISED:

a) Kuumuta ahi temperatuurini 375 ° F (190 ° C). Vooderda ahjuplaat küpsetuspaberiga.
b) Viska kausis kokku tükeldatud õunad, granuleeritud suhkur, jahvatatud kaneel ja sidrunimahl, kuni need on hästi segunenud.
c) Rulli lehttaignalehed lahti ja lõika igaüks 4 ruuduks.
d) Aseta lusikatäis õunasegu iga kondiitriruudu poolele, jättes servade ümber äärise.
e) Murra teine pool tainast täidise peale, et tekiks kolmnurga kuju. Suru servad kahvliga kokku, et tihendada.
f) Tõsta käigud ettevalmistatud ahjuplaadile.
g) Pintselda käänakute tipud sulavõiga.
h) Küpseta eelkuumutatud ahjus 20-25 minutit või kuni pöörded on kuldpruunid ja paisunud.
i) Enne tuhksuhkruga üle puistamist lase käidel mõni minut jahtuda.
j) Serveeri soojalt ja naudi!

87.Kirsimandlite käibed

KOOSTISOSAD:
- 2 lehttainast, sulatatud
- 1 tass kirsipiruka täidist
- 1/4 tassi mandli viile
- 1 muna, lahtiklopitud
- 1 spl granuleeritud suhkrut

JUHISED:
a) Kuumuta ahi temperatuurini 375 ° F (190 ° C). Vooderda ahjuplaat küpsetuspaberiga.
b) Rulli lehttaignalehed lahti ja lõika igaüks 4 ruuduks.
c) Aseta lusikatäis kirsipirukatäidist igale tainaruudu poolele, seejärel puista peale mandliviile.
d) Murra teine pool tainast täidise peale, et tekiks kolmnurga kuju. Suru servad kahvliga kokku, et tihendada.
e) Tõsta käigud ettevalmistatud ahjuplaadile.
f) Pintselda koorikute tipud lahtiklopitud munaga ja puista üle granuleeritud suhkruga.
g) Küpseta eelkuumutatud ahjus 20-25 minutit või kuni pöörded on kuldpruunid ja paisunud.
h) Enne serveerimist lase vormidel veidi jahtuda.
i) Serveeri soojalt ja naudi!

88.Nutella banaani käibed

KOOSTISOSAD:

- 2 lehttainast, sulatatud
- 1/2 tassi Nutellat
- 2 banaani, viilutatud
- 1 muna, lahtiklopitud
- Tuhksuhkur, tolmutamiseks

JUHISED:

a) Kuumuta ahi temperatuurini 375 ° F (190 ° C). Vooderda ahjuplaat küpsetuspaberiga.
b) Rulli lehttaignalehed lahti ja lõika igaüks 4 ruuduks.
c) Määri Nutella iga kondiitriruudu ühele poolele, seejärel aseta peale paar viilu banaani.
d) Murra teine pool tainast täidise peale, et tekiks kolmnurga kuju. Suru servad kahvliga kokku, et tihendada.
e) Tõsta käigud ettevalmistatud ahjuplaadile.
f) Pintselda kääruste tipud lahtiklopitud munaga.
g) Küpseta eelkuumutatud ahjus 20-25 minutit või kuni pöörded on kuldpruunid ja paisunud.
h) Enne tuhksuhkruga üle puistamist laske käidel veidi jahtuda.
i) Serveeri soojalt ja naudi!

89.Virsiku kingsepa käibed

KOOSTISOSAD:
- 2 lehttainast, sulatatud
- 1 tass kuubikuteks lõigatud virsikuid (värsked või konserveeritud)
- 2 supilusikatäit granuleeritud suhkrut
- 1 spl sidrunimahla
- 1/2 tl jahvatatud kaneeli
- 1/4 tl jahvatatud muskaatpähklit
- 1 spl maisitärklist
- 1/4 tassi hakitud pekanipähklit (valikuline)
- 1 muna, lahtiklopitud
- Turbinado suhkur, puistamiseks (valikuline)

JUHISED:
a) Kuumuta ahi temperatuurini 375 ° F (190 ° C). Vooderda ahjuplaat küpsetuspaberiga.
b) Segage kausis kuubikuteks lõigatud virsikud, granuleeritud suhkur, sidrunimahl, jahvatatud kaneel, jahvatatud muskaatpähkel ja maisitärklis, kuni need on hästi segunenud. Kui kasutad hakitud pekanipähklit, sega hulka ka need.
c) Rulli lehttaignalehed lahti ja lõika igaüks 4 ruuduks.
d) Aseta lusikatäis virsikusegu igale tainaruudu poolele.
e) Murra teine pool tainast täidise peale, et tekiks kolmnurga kuju. Suru servad kahvliga kokku, et tihendada.
f) Tõsta käigud ettevalmistatud ahjuplaadile.
g) Pintselda kääruste tipud lahtiklopitud munaga.
h) Soovi korral puistake turbinado suhkrut käiguosadele, et lisada magusust ja tekstuuri.
i) Küpseta eelkuumutatud ahjus 20-25 minutit või kuni pöörded on kuldpruunid ja paisunud.
j) Enne serveerimist lase vormidel veidi jahtuda.
k) Serveeri soojalt ja naudi!

90.Segamarjakäive koos vanilliglasuuriga

KOOSTISOSAD:
- 2 lehttainast, sulatatud
- 1 tass segatud marju (nagu maasikad, mustikad, vaarikad)
- 1/4 tassi granuleeritud suhkrut
- 1 spl maisitärklist
- 1 tl vaniljeekstrakti
- 1 muna, lahtiklopitud
- 1 tass tuhksuhkrut
- 1-2 spl piima

JUHISED:
a) Kuumuta ahi temperatuurini 375 ° F (190 ° C). Vooderda ahjuplaat küpsetuspaberiga.
b) Viska kausis kokku segatud marjad, granuleeritud suhkur, maisitärklis ja vaniljeekstrakt, kuni need on hästi segunenud.
c) Rulli lehttaignalehed lahti ja lõika igaüks 4 ruuduks.
d) Aseta lusikatäis marjasegu igale tainaruudu poolele.
e) Murra teine pool tainast täidise peale, et tekiks kolmnurga kuju. Suru servad kahvliga kokku, et tihendada.
f) Tõsta käigud ettevalmistatud ahjuplaadile.
g) Pintselda kääruste tipud lahtiklopitud munaga.
h) Küpseta eelkuumutatud ahjus 20-25 minutit või kuni pöörded on kuldpruunid ja paisunud.
i) Enne glasuuri valmistamist lase pöördetel veidi jahtuda.
j) Vahusta väikeses kausis tuhksuhkur ja piim ühtlaseks massiks. Nirista glasuuri soojadele käärudele.
k) Serveeri ja naudi!

91.Šokolaadi sarapuupähklite käibed

KOOSTISOSAD:
- 2 lehttainast, sulatatud
- 1/2 tassi šokolaadi sarapuupähklimääret (nt Nutella)
- 1/4 tassi hakitud sarapuupähkleid
- 1 muna, lahtiklopitud
- Tuhksuhkur, tolmutamiseks

JUHISED:
a) Kuumuta ahi temperatuurini 375 ° F (190 ° C). Vooderda ahjuplaat küpsetuspaberiga.
b) Rulli lehttaignalehed lahti ja lõika igaüks 4 ruuduks.
c) Määri šokolaadiga sarapuupähklimääret iga tainaruudu ühele poolele, seejärel puista peale hakitud sarapuupähkleid.
d) Murra teine pool tainast täidise peale, et tekiks kolmnurga kuju. Suru servad kahvliga kokku, et tihendada.
e) Tõsta käigud ettevalmistatud ahjuplaadile.
f) Pintselda kääruste tipud lahtiklopitud munaga.
g) Küpseta eelkuumutatud ahjus 20-25 minutit või kuni pöörded on kuldpruunid ja paisunud.
h) Enne tuhksuhkruga üle puistamist laske käidel veidi jahtuda.
i) Serveeri soojalt ja naudi!

92.Riisipudingi käibed

KOOSTISOSAD:

- 2 lehttainast, sulatatud
- 1 tass keedetud riisipudingit (omatehtud või poest ostetud)
- 1/4 tassi rosinaid
- 1 tl jahvatatud kaneeli
- 1/4 tassi hakitud pähkleid (nagu mandlid või pekanipähklid)
- 1 muna, lahtiklopitud
- Tuhksuhkur, tolmutamiseks

JUHISED:

a) Kuumuta ahi temperatuurini 375 ° F (190 ° C). Vooderda ahjuplaat küpsetuspaberiga.
b) Segage kausis keedetud riisipuding, rosinad, jahvatatud kaneel ja hakitud pähklid, kuni need on hästi segunenud.
c) Rulli lehttaignalehed lahti ja lõika igaüks 4 ruuduks.
d) Aseta lusikatäis riisipudingi segu igale saiaruudu poolele.
e) Murra teine pool tainast täidise peale, et tekiks kolmnurga kuju. Suru servad kahvliga kokku, et tihendada.
f) Tõsta käigud ettevalmistatud ahjuplaadile.
g) Pintselda kääruste tipud lahtiklopitud munaga.
h) Küpseta eelkuumutatud ahjus 20-25 minutit või kuni pöörded on kuldpruunid ja paisunud.
i) Enne tuhksuhkruga üle puistamist laske käidel veidi jahtuda.
j) Serveeri soojalt ja naudi!

KÖÖGIVILJA KÄIRE

93.Ürdikartuli käibed

KOOSTISOSAD:
- 2 suurt kartulit, kooritud ja kuubikuteks lõigatud
- 1 spl oliiviõli
- 1 tl kuivatatud tüümiani
- Sool ja pipar maitse järgi
- 1 pakend lehttaignalehed, sulatatud
- 1 lahtiklopitud muna (munade pesemiseks)

JUHISED:
a) Kuumuta ahi temperatuurini 375 ° F (190 ° C).
b) Keeda kuubikuteks lõigatud kartulid keevas vees potis pehmeks, seejärel nõruta ja püreesta.
c) Kuumuta pannil oliiviõli keskmisel kuumusel. Lisa kartulipuder, tüümian, sool ja pipar ning küpseta, kuni see on läbi kuumenenud.
d) Rulli lehttaignalehed lahti ja lõika ruutudeks.
e) Tõsta igale ruudule lusikaga kartulisegu, murra tainas kolmnurga moodustamiseks ja sulge servad kahvliga.
f) Asetage kaaned küpsetuspaberiga kaetud ahjuplaadile, määrige pealt munapesuga ja küpsetage 20-25 minutit või kuni need on kuldpruunid.

94.Seente käibed

KOOSTISOSAD:
- 2 tassi seeni, tükeldatud
- 1 spl võid
- 1 küüslauguküüs, hakitud
- Sool ja pipar maitse järgi
- 1 pakend lehttaignalehed, sulatatud
- 1 lahtiklopitud muna (munade pesemiseks)

JUHISED:
a) Kuumuta ahi temperatuurini 375 °F (190 °C).
b) Sulata pannil või keskmisel kuumusel. Lisa seened ja küüslauk ning küpseta, kuni seened on pehmed. Maitsesta soola ja pipraga.
c) Rulli lehttaignalehed lahti ja lõika ruutudeks.
d) Tõsta igale ruudule lusikaga seenesegu, murra tainas kolmnurga moodustamiseks ja sulge servad kahvliga.
e) Asetage kaaned küpsetuspaberiga kaetud ahjuplaadile, määrige pealt munapesuga ja küpsetage 20-25 minutit või kuni need on kuldpruunid.

95.Kitsejuustu ja spinati käibed

KOOSTISOSAD:

- 2 tassi värsket spinatit, hakitud
- 4 untsi kitsejuustu, purustatud
- 1 pakend lehttaignalehed, sulatatud
- 1 lahtiklopitud muna (munade pesemiseks)

JUHISED:

a) Kuumuta ahi temperatuurini 375 °F (190 °C).
b) Sega kausis tükeldatud spinat ja murendatud kitsejuust.
c) Rulli lehttaignalehed lahti ja lõika ruutudeks.
d) Tõsta igale ruudule lusikaga spinati ja kitsejuustu segu, murra küpsetis kolmnurga moodustamiseks ja sulge servad kahvliga.
e) Asetage kaaned küpsetuspaberiga kaetud ahjuplaadile, määrige pealt munapesuga ja küpsetage 20-25 minutit või kuni need on kuldpruunid.

96.Köögiviljakäive Gorgonzola kastmega

KOOSTISOSAD:
- 2 tassi segatud köögivilju (nt brokkoli, lillkapsas ja porgand), tükeldatud
- 2 spl oliiviõli
- Sool ja pipar maitse järgi
- 1 pakend lehttaignalehed, sulatatud
- 1 lahtiklopitud muna (munade pesemiseks)

GORGONZOLA KASTE:
- 1/2 tassi Gorgonzola juustu, purustatud
- 1/2 tassi rasket koort
- Sool ja pipar maitse järgi

JUHISED:
a) Kuumuta ahi temperatuurini 375 °F (190 °C).
b) Viska kuubikuteks lõigatud köögiviljad oliiviõli, soola ja pipraga. Laota küpsetusplaadile ja rösti ahjus 20-25 minutit või kuni pehme.
c) Rulli lehttaignalehed lahti ja lõika ruutudeks.
d) Tõsta igale ruudule lusikaga röstitud köögivilju, murra küpsetis kolmnurga moodustamiseks kokku ja sulge servad kahvliga.
e) Asetage kaaned küpsetuspaberiga kaetud ahjuplaadile, määrige pealt munapesuga ja küpsetage 20-25 minutit või kuni need on kuldpruunid.

GORGONZOLA KASTE:
f) Kuumuta väikeses kastrulis keskmisel kuumusel koort keemiseni.
g) Alanda kuumust ja lisa murendatud Gorgonzola juust. Sega, kuni juust on sulanud ja kaste on ühtlane.
h) Maitsesta soola ja pipraga maitse järgi.
i) Serveeri köögiviljakäibeid, millele on niristatud sooja Gorgonzola kastet.

97.Kartuli ja murulauku käibed

KOOSTISOSAD:
- 2 suurt kartulit, kooritud ja kuubikuteks lõigatud
- 1 spl oliiviõli
- 1 tl kuivatatud murulauku
- Sool ja pipar maitse järgi
- 1 pakend lehttaignalehed, sulatatud
- 1 lahtiklopitud muna (munade pesemiseks)

JUHISED:
a) Kuumuta ahi temperatuurini 375 °F (190 °C).
b) Keeda kuubikuteks lõigatud kartulid keevas vees potis pehmeks, seejärel nõruta ja püreesta.
c) Kuumuta pannil oliiviõli keskmisel kuumusel. Lisa kartulipuder, murulauk, sool ja pipar ning küpseta, kuni see on läbi kuumutatud.
d) Rulli lehttaignalehed lahti ja lõika ruutudeks.
e) Tõsta igale ruudule lusikaga kartulisegu, murra tainas kolmnurga moodustamiseks ja sulge servad kahvliga.
f) Asetage kaaned küpsetuspaberiga kaetud ahjuplaadile, määrige pealt munapesuga ja küpsetage 20-25 minutit või kuni need on kuldpruunid.

98.Spinati käibed

KOOSTISOSAD:

- 2 tassi värsket spinatit, hakitud
- 1 sibul, peeneks hakitud
- 2 küüslauguküünt, hakitud
- 1 spl oliiviõli
- Sool ja pipar maitse järgi
- 1 pakend lehttaignalehed, sulatatud
- 1 lahtiklopitud muna (munade pesemiseks)

JUHISED:
a) Kuumuta ahi temperatuurini 375 °F (190 °C).
b) Kuumuta pannil oliiviõli keskmisel kuumusel. Lisa hakitud sibul ja küüslauk ning prae pehmeks.
c) Lisa pannile tükeldatud spinat ja küpseta, kuni see närbub. Maitsesta soola ja pipraga.
d) Rulli lehttaignalehed lahti ja lõika ruutudeks.
e) Tõsta lusikaga igale ruudule osa spinatisegust, murra tainas kolmnurga moodustamiseks ja sulge servad kahvliga.
f) Asetage kaaned küpsetuspaberiga kaetud ahjuplaadile, määrige pealt munapesuga ja küpsetage 20-25 minutit või kuni need on kuldpruunid.

99.Baklažaani käibed

KOOSTISOSAD:

- 1 suur baklažaan, tükeldatud
- 2 spl oliiviõli
- 1 sibul, peeneks hakitud
- 2 küüslauguküünt, hakitud
- Sool ja pipar maitse järgi
- 1 pakend lehttaignalehed, sulatatud
- 1 lahtiklopitud muna (munade pesemiseks)

JUHISED:

a) Kuumuta ahi temperatuurini 375 °F (190 °C).
b) Viska kuubikuteks lõigatud baklažaan oliiviõli, soola ja pipraga. Laota küpsetusplaadile ja rösti ahjus 20-25 minutit või kuni pehme.
c) Kuumuta pannil oliiviõli keskmisel kuumusel. Lisa hakitud sibul ja küüslauk ning kuumuta pehmeks.
d) Lisa pannile röstitud baklažaan ja sega korralikult läbi. Maitsesta vajadusel veel soola ja pipraga.
e) Rulli lehttaignalehed lahti ja lõika ruutudeks.
f) Tõsta igale ruudule lusikaga osa baklažaanisegust, murra tainas kolmnurga moodustamiseks ja sulge servad kahvliga.
g) Asetage kaaned küpsetuspaberiga kaetud ahjuplaadile, määrige pealt munapesuga ja küpsetage 20-25 minutit või kuni need on kuldpruunid.

100.Köögiviljakäive röstitud tomatikastmega

KOOSTISOSAD:
- 2 tassi segatud köögivilju (nt paprika, suvikõrvits ja porgand), tükeldatud
- 2 spl oliiviõli
- Sool ja pipar maitse järgi
- 1 pakend lehttaignalehed, sulatatud
- 1 lahtiklopitud muna (munade pesemiseks)

RÖSTITUD TOMATIKASTE:
- 2 tassi kirsstomateid
- 2 küüslauguküünt, hakitud
- 2 spl oliiviõli
- Sool ja pipar maitse järgi

JUHISED:
a) Kuumuta ahi temperatuurini 375 °F (190 °C).
b) Viska kuubikuteks lõigatud köögiviljad oliiviõli, soola ja pipraga. Laota küpsetusplaadile ja rösti ahjus 20-25 minutit või kuni pehme.
c) Rulli lehttaignalehed lahti ja lõika ruutudeks.
d) Tõsta igale ruudule lusikaga röstitud köögivilju, murra küpsetis kolmnurga moodustamiseks kokku ja sulge servad kahvliga.
e) Asetage kaaned küpsetuspaberiga kaetud ahjuplaadile, määrige pealt munapesuga ja küpsetage 20-25 minutit või kuni need on kuldpruunid.

RÖSTITUD TOMATIKASTE:
f) Kuumuta ahi temperatuurini 400 °F (200 °C).
g) Viska kirsstomatid ja hakitud küüslauk oliiviõli, soola ja pipraga. Laota ahjuplaadile ja rösti ahjus 20-25 minutit või kuni tomatid on pehmed ja kergelt karamelliseerunud.
h) Tõsta röstitud tomatid ja küüslauk blenderisse või köögikombaini ning blenderda ühtlaseks massiks. Maitsesta vajadusel veel soola ja pipraga.
i) Serveeri köögiviljakäibeid koos röstitud tomatikastmega.

KOKKUVÕTE

"Täieliku käibe kokaraamatuga" hüvasti jättes teeme seda südamega, täis tänulikkust kogetud maitsete, loodud mälestuste ja teekonnal jagatud kulinaarsete seikluste eest. Läbi 100 retsepti, mis tähistasid käibe mitmekülgsust ja maitsvat, oleme asunud teekonda küpsetiste täiuslikkuse poole, avastades rõõmu, kui luua helbeid ja maitsvaid roogasid nullist.

Kuid meie teekond ei lõpe siin. Naastes oma köökide juurde, olles varustatud uue inspiratsiooni ja käibehinnanguga, jätkakem katsetamist, uuenduste tegemist ja loomist. Ükskõik, kas küpsetame endale, oma lähedastele või külalistele, olgu selle kokaraamatu retseptid rõõmu ja rahulolu allikaks aastateks.

Ja igat maitsvat ampsu käigu pealt nautides meenutagem lihtsaid naudinguid heast toidust, heast seltskonnast ja küpsetamisrõõmust. Aitäh, et liitusite meiega sellel maitsval teekonnal. Olgu teie käive alati helbed, teie täidised alati maitsvad ja teie köök alati täis soojust ja õnne.